LITERATURA
UNICAMP 2002 E 2003

LITERATURA
UNICAMP 2002 E 2003

RESUMOS E ANÁLISES
DAS OBRAS

Volume 1

JOSÉ LUIZ AMZALAK

SÉRIE
Prevest

NAVEGAR EDITORA

Literatura UNICAMP 2002 e 2003 - José Luiz Pereira Amzalak - 1958
1ª edição - São Paulo: Editora Navegar, 2001
Bibliografia.
1. Literatura Luso-Brasileira - Resumos e Análises

Editor: Rubenal Hermano Santos

Navegar Editora MF
Rua Belém, 93 - Belenzinho
CEP 03057-010 - São Paulo - SP
Fone: (0xx11) 6096-8530
Fax: (0xx11) 6695-8490
Internet: www.navegareditora.com.br

FICHA TÉCNICA
Projeto Editorial
Rubenal Hermano Santos
Preparação de Texto
Angela Bugelli
Revisão de Texto
Marisa Rico
Composição e Diagramação
Marcelo Silva Calixto
Capa
Leonardo Hermano Santos

ISBN: 85-87678-04-3

Impresso no Brasil 2001
Printed in Brasil

SUMÁRIO

O AUTOR

José Luiz Amzalak é professor de Literatura em cursos pré-vestibulares e colégios do estado de São Paulo e Minas Gerais, tendo militado em cursos como Anglo, Objetivo, CPV de São Paulo, Método, Promove e Anglo de Belo Horizonte, Anglo de Ribeirão Preto e Uberlândia; poeta e contista, co-autor de obras para vestibular, tais como, *Literatura Fuvest 92, 93, 94, 95* e 96; *Literatura Unicamp 93, 94, 95* e *96; Literatura PUC 95* e *96; Literatura Puccamp 96*, todos pela Editora Buritis Ltda.; e das obras *Literatura Fuvest 97, 98, 99, 2000, 2001* e *2002*, *Literatura Unicamp 97, 98, 99* e *2000*, *Literatura PUC 97*. Coordenador e co-autor do projeto de áudio-books, a Fita do Vestibular, da Editora Melhoramentos. Recentemente, terminou um livro didático e um cd-rom de literatura (Literatura em Multimídia), que estarão em breve no mercado, atendendo a alunos e professores para utilização em salas de aulas e em multimídia.

APRESENTAÇÃO

Ao publicarmos mais esse trabalho, completamos uma série editada nos últimos dez anos, sempre visando simplificar a pesquisa e o estudos dos jovens estudantes que se preparam para os vestibulares da UNICAMP. Essa obra atende à lista de obras sugeridas para os vestibulares de 2002 a 2003 pela comissão organizadora do vestibular da UNICAMP.

Sempre somos surpreendidos com algumas novidades sugeridas nas listas de vestibulares, mas nada que se compare com certas surpresas oferecidas pela UNICAMP. A presente lista é espantosa, se analisarmos detidamente as escolhas feitas. A sugestão de leitura de *O Bom Crioulo* é sem dúvida o motivo maior desse espanto, já que a obra em nada acrescenta aos estudos do Realismo-Naturalismo feitos pelos nossos estudantes que se preparam para o vestibular. Se é assim, por que a escolha? Difícil sabermos o que se passa na cabeça dos examinadores, mas com certeza sua indicação não passou pelo plano da qualidade formal ou lingüística da obra. Gostaríamos que a escolha mantivesse um critério, uma certa lógica, para que os professores preparassem seus alunos para um número menor de surpresas quando da divulgação das listas. Sem dúvida, outras novidades como *A Sibila* ou *O Amanuense Belmiro* surpreendem, mas demonstram qualidade indiscutível. No caso de *A Sibila*, é importante mostrar que a literatura portuguesa contemporânea não tem apenas José Saramago, ainda que indiscutivelmente seja o melhor. As intertextualidades e paráfrases presentes em *O Amanuense Belmiro* tornam a obra um bom caminho para os estudos desses recursos. A escolha de *Ubirajara* atende à proposta dos Quinhentos Anos, através de seu nacionalismo pré-cabralino. As demais obras não podem ser consideradas como novidades, já que estiveram em listas de vários outros vestibulares, inclusive da própria UNICAMP.

Nossa escolha em dividir em dois volumes o presente trabalho segue o critério de direcionamento a partir dos planos de facilidade e dificuldade. Escolhemos para o primeiro volume obras que consideramos básicas e fundamentais na preparação para a leitura das obras que se seguirão no volume segundo da mesma coleção. A leitura dessas primeiras quatro obras tem por objetivo preparar os leitores para as obras seguintes. Assim, escolhemos uma peça teatral, dois romances e um livro de contos.

Acreditamos que analisar e resumir uma obra literária exigida pelos vestibulares exija responsabilidade e seriedade, o que significa respeitar as possibilidades de leitura das mesmas sem macular o trabalho original de seu autor. Nosso trabalho não banaliza a leitura das obras aqui utilizadas, mas aponta caminhos de análise e interpretação baseados na experiência diária com os estudantes de pré-vestibulares de todo o Brasil. Dessa forma, não estamos enquadrados nos famosos "resuminhos", assim rotulados pela falta de conteúdo e honestidade apresentados por seus autores em sua elaboração. As falhas de leitura desses materiais fartamente distribuídos no mercado prejudicam publicações mais sérias e a compreensão por parte de seus leitores.

Nossos trabalhos têm atendido tanto vestibulandos quanto estudantes da área de Letras, como tantos telefonemas, consultas e palestras têm-nos demonstrado. A quantidade de material pesquisado e as referências de vocabulário demonstram nossos objetivos e diferenciam nossas edições de publicações supostamente similares.

O verdadeiro interesse que sempre nos motivou em mais de vinte anos de experiência nessa área, foi criar uma leitura mais agradável e que despertasse o interesse dos jovens leitores para as obras originais. Desse modo, não consideramos os trabalhos aqui editados substitutos definitivos das obras sugeridas para leitura, uma vez que nasceram como ferramentas de interpretação e análise para o desafio maior de ler as obras que as motivaram. Acreditando que não há milagre de síntese absoluta, como desejam leitores mais ociosos, evitamos respeitar limites de conteúdo ou vocabulário, apresentando o máximo de cada um destes. A ausência de questões sobre as mesmas obras deve-se ao fato de que esse trabalho de acertar "dicas" para as provas é um trabalho dos professores em sala de aula e não um milagre de leitura, o que furtaria também espaço para análises mais aprofundadas. Capacitar o leitor para acertar essas questões e dar-lhe segurança para isso é nossa meta e nenhuma outra.

Sugerimos que o leitor procure ler as obras sugeridas e que faça do presente livro um instrumento de interpretação e análise funcional para o seu trabalho de compreensão dos romances, novelas, peças teatrais e contos originais.

No mais, basta tranqüilidade e confiança para que se atinja a realização plena de sua meta.

Boa leitura!!!

A FARSA DE INÊS PEREIRA

GIL VICENTE

I – BIOGRAFIA E BIBLIOGRAFIA

Pouco se sabe da biografia de Gil Vicente. Acreditam os historiadores da literatura que tenha sido Mestre da Balança da Casa da Moeda de Lisboa até 1517. Teria nascido por volta de 1465, tendo encenado sua primeira peça em 1502, por ocasião do nascimento do filho do rei D. Manuel. Foi também colaborador no Cancioneiro Geral de Garcia de Resende. Na corte, teria desempenhado a importante função de organizador das festas palacianas. Sua última peça data de 1536, *Floresta de Enganos*, não dando qualquer outro sinal depois disso, o que nos leva à conclusão de que teria morrido neste ou no ano seguinte.

Várias peças de Gil Vicente foram publicadas em vida, em folhetos de cordel. Algumas inclusive foram proibidas pela Inquisição. O maior conjunto de suas obras, ainda incompleto, entretanto, só foi publicado por seu filho Luís Vicente em 1562, com o título *Copilaçam de Todalas Obras de Gil Vicente.*

OBRAS:

Gil Vicente escreveu aproximadamente 44 peças teatrais, das quais destacaremos apenas algumas das mais conhecidas: Auto da

Visitação (1502), Auto de S. Martinho (1504), Auto da Índia (1509), O Velho da Horta (1512), Quem Tem Farelos? (1515), Auto da Barca do Inferno (1517), Auto da Alma (1518), Auto da Barca da Glória (1519), Farsa de Inês Pereira (1523), Comédia do Viúvo (1524), Auto da Lusitânia (1532) e Floresta de Enganos (1536).

II – INTRODUÇÃO

A obra de Gil Vicente representa o ponto mais alto da dramaturgia em língua portuguesa. Suas peças atingiram tanto o gosto popular quanto o interesse da fidalguia lusitana do século XVI. A simplicidade dramática e o poder ferino de suas críticas sociais parecem explicar, pelo menos em parte, essa popularidade ganha em todos os meios e classes sociais. Gil Vicente não perdoou nenhum grupo social ou profissional em suas mordazes observações da decadência moral e da mudança de valores que tomou conta do Portugal próspero do período expansionista. Essas mudanças de valores econômicos, sociais e morais foram observadas por seu espírito moralizador e ferino, bem como fartamente ilustradas através de suas personagens.

Apresentada para a corte de D. João III, em 1523, *A Farsa de Inês Pereira* é um bom exemplo desse poder crítico, bem como dos valores morais pretendidos pelo autor em sua dramaturgia. Nela encontramos a representação dos valores familiares, bem como da ausência de direitos da mulher, submetida ao mando materno e subserviente à figura do primeiro marido. A figura materna exerce domínio relativo sobre a filha, obrigando esta aos estafantes e tediosos afazeres domésticos que Inês tanto odiava, mas incapaz de determinar a obediência da filha na hora do casamento. Diante da intolerância da filha, a mãe sempre argumenta, algumas vezes empregando ditados populares, para mostrar a impossibilidade da filha encontrar marido diante de sua preguiça, já que Inês desejava folgar como as outras moças de sua idade. Resulta daí o conflito entre mãe e filha, desejando esta libertar-se do mando materno através do casamento. Essa liberdade pretendida resulta de um gesto de rebeldia de Inês, que se recusa a casar com aquele rico lavrador, pretendido como genro pela mãe, para entregar-se aos amores de um escudeiro boêmio e divertido. O escudeiro representa seu ideal de um marido educado, pelo menos na aparência, e nobre, ainda que não seja exatamente o caso do Escudeiro. Entretanto, o caminho da felicidade de Inês não poderia passar pela simples desobediência aos planos maternos, mas por um acúmulo de experiências a partir de erro e de acerto. A diferença entre a aparência e a realidade resulta em sofrimento quando Inês vê-se diante da revelação da verdadeira personalidade de Brás da Mata, o escudeiro. A morte deste fez Inês retroceder em suas decisões e aceitar a proposta de Pero Marques, o rico lavrador, com quem finalmente encontrou a felicidade. Vale lembrar que o sonho de Inês parece representar os ideais da mulher do século XVI, em Portugal, que sonhava com uma ascensão social através do casamento, enquanto os valores defendidos pela mãe prendem-se à busca da segurança material, valores estes pretendidos pela mentalidade medieval e arcaica, anterior ao período do expansionismo marítimo.

Em Gil Vicente, as soluções não seriam, entretanto, tão fáceis assim, tão sem crítica ao comportamento da época. Inês só encontrará realmente a felicidade almejada através da liberdade oferecida pelo segundo marido, que chega mesmo a conduzi-la nos ombros para atravessar um riacho, levando-a de encontro a um ermitão que conhecera Inês no passado e a quem ela promete entregar-se para corrigir o erro de não o ter feito quando ainda era donzela.

A Farsa de Inês Pereira foi criada a partir de um mote[1] sugerido por opositores de Gil Vicente que o criticavam, acusando-o de plagiar o dramaturgo espanhol Juan Del Encina. Assim, foi-lhe sugerido o mote "mais quero asno que me leve, que cavalo que me derrube". Gil Vicente seguiu fielmente o assunto, representando alegoricamente o asno em Pero Marques, o bom e tolo segundo marido de Inês que a carregou para atravessar o rio, e o cavalo, em Brás da Mata, que derrubou os sonhos de um casamento nobre e feliz da moça.

Nessa farsa, a história corre em diálogos e ações que se sucedem sem transição, sem qualquer unidade de tempo e sem qualquer compartimentação de quadros ou atos a marcar a descontinuidade dos tempos. A ação acumula-se, desobedecendo as regras de unidade de ação, tempo e espaço.

A crítica social e o papel moralizador atribuído à peça conduzem o espectador-leitor a um painel amplo da sociedade lusíada que Gil Vicente pretendia moralizar e modificar também através de suas peças profanas, cujo melhor exemplo estamos analisando.

Cabe lembrar, ainda nessa introdução, que as personagens da presente peça não configuram pessoas de carne e osso, com autonomia ou psicologia individualizada, já que não há propriamente conflitos psicológicos, mas meros caracteres individuais, meras alegorias ou tipos sociais que agem segundo a lógica de sua condição. Assim, as personagens são tipos humanos, como Inês, o Escudeiro, a Mãe, etc, ou tipos tradicionais observados de maneira realista, tais como Inês Pereira, os Judeus Alcoviteiros, ou, ainda, tipos reais caricaturizados.

A Farsa de Inês Pereira pode ser ainda classificada entre as peças vicentinas como uma farsa[2] ou mesmo auto de enredo. O que realiza o propósito do teatro vicentino, que é o de sátira social, de um polêmico teatro de idéias.

III – ENREDO DA PEÇA

A peça apresenta um único ato.

Entram na peça as seguintes figuras: Inês Pereira, Mãe de Inês Pereira, Lianor Vaz, Pero Marques, Latão e Vidal (judeus casamenteiros), Escudeiro (Brás da Mata), Moço de Escudeiro (Fernando), Luzia, Ermitão.

Inês trabalha, enquanto a mãe está a ouvir a missa.

INÊS Quien com veros, pena y muere
cantando qué hará cuando no os viere?[3]

INÊS Renego deste lavrar[4]
e do primeiro que o usou!
ao diabo que o eu dou,
que tão mau é d'aturar!
Ó Jesu! Que enfadamento,
e que raiva, e que tormento,
que cegueira e que canseira!
Eu hei-de buscar maneira
d'algum outro aviamento[5].

Coitada, assi hei-d'estar
encerrada[6] nesta casa,
como panela sem asa

que sempre está num lugar?
E assi hão-de ser logrados
dous dias amargurados
que eu posso durar viva?
E assi hei-de estar cativa
em poder de desfiados[7]?

Antes o darei ao diabo
que lavrar mais nem pontada![8]
Já tenho a vida cansada
de jazer sempre d'um cabo.[9]
Todas folgam, e eu não;
todas vêm e todas vão
onde querem, senão eu[10]!
Hui! Que pecado é o meu
ou de dor de coração?

Esta vida é mais que morta.
Sou eu coruja ou corujo,
ou sou algum caramujo,
que não sai senão à porta?
E quando me dão, algum dia
licença, como a bugia1[1],
que possa estar à janela,
e já mais que a Madalena,
quando achou a aleluía.[12]

A mãe de Inês volta da igreja e repreende a filha que não cumpriu a tarefa.

MÃE Logo eu adivinhei,
lá na missa onde eu estava,
como a minha Inês lavrava
a tarefa que lhe eu dei...
Acaba esse travesseiro!
Hui! Nasceu-te algum unheiro[13]?
ou cuidas que é dia santo?

INÊS Praza a Deus que algum quebranto
me tire do cativeiro!

A mãe de Inês acusa a filha de estar solteira por causa de sua fama de preguiçosa. Inês defende-se dizendo que é ativa e que a mãe é lenta. A mãe contra-argumenta que tudo vem a seu tempo e que se a filha não se prevenir virão maridos a pares e filhos de três em três.[14]

Chega Lianor Vaz à casa das duas. Lianor vem se benzendo. Espavorida e vermelha, ela conta o que lhe aconteceu no caminho, depois de interpelada pela mãe de Inês:

LIANOR Vinha agora pereli[15],
ao redor da minha vinha,
e um clérigo[16], mana minha,
pardeus[17]!, lançou mão de mi[18].
Não me podia valer.
Diz que havia de saber
se era eu fêmea, se macho.

MÃE Hui! Seria algum muchacho[19]
que brincava por prazer.

LIANOR Si, muchacho sobejava[20]!
Era um zote, tamanhouço![21]
E eu andava no retouço[22],
tão rouca que não falava.
Quando o vi pegar comigo,
que me achei naquele perigo:
— Assolverei[23]! - Não assolverás!
— Tomarei! - Não tomarás!
Jesu! Homem! Que há contigo?

— Irmã, eu t'assolverei
c'o breviário de Braga[24].
— Que breviário, ou que praga!
Que não quero! Aque d'el-Rei[25]!
Quando viu revolta a voda[26],
foi e esfarrapou-me toda
o cabeção[27] da camisa!...

MÃE Assi me fez dessa guisa[28]
outro, no tempo da poda[29].

Eu cuidei que era jogo[30],
e ele... daí-o vós ao fogo!
Tomou-me tamanho riso,
riso em todo meu siso,
e ele leixou-me[31] logo.[32]

LIANOR Si, agora, ieramá[33]!
Também eu me ria cá
das cousas que me dizia.
Chamava-me "luz do dia"!

— Nunca teu olho verá...
Se estivera de maneira,
sem ser rouca, bradara eu![34]
Mas logo o demo me deu
cadarrão e peitogueira[35]
cócegas e cor de rir[36],
e coxa pera[37] fugir,
e fraca pera vencer.
Porém pude-me valer,
sem me ninguém acudir.

O demo, e não pode al[38] ser,
se chantou[39] no corpo dele.

MÃE Mana, conhecia-t'ele?

LIANOR Mas queria-me conhecer[40]!

MÃE Vistes vós tamanho mal?

LIANOR Eu me irei ao Cardeal,
e far-lhe-ei assi mesura[41],
e contar-lhe-ei a aventura
que achei no meu olival.

MÃE Não estás tu arranhada
de te carpir nas queixadas[42].

LIANOR Eu tenho as unhas cortadas
e mais estou trosquiada[43].
E mais pera que era isso?
E mais pera que é o siso[44]?
E mais, no meio da requesta[45],

veio um homem de ua[46] besta,
que, em vê-lo, vi o paraíso.
E soltou-me, porque vinha
bem contra sua vontade.
Porém, a falar verdade,
Já eu andava cansadinha[47]!
Não me valia rogar,
nem me valia chamar:
— Aque de Vasco de Fois[48]!
Acudi-me, como sóis[49]!
E ele... senão pegar[50]:

— Mais mansa, Lianor Vaz
assi Deus te faça santa!
— Trama te dê na garganta!
Como? Isso assi se faz?
— Isto não revela nada...[51]
— Tu não vês que sou casada?

MÃE Deras-lhe, má-hora, boa,[52]
e mordera-lo na coroa[53].

LIANOR Assi, fora excomungada.

Não lhe dera um empuxão[54]
porque sou tão maviosa[55]
que é cousa maravilhosa:
E esta é a conclusão.
Leixemos isto! Eu venho
com grande amor que vos tenho,
porque diz o exemplo antigo
que amiga e bom amigo
mais aquenta que o bom lenho.[56]

Inês está concertada[57]
pera casar com alguém?

Diante da resposta negativa da mãe de Inês, Lianor comunica que traz uma proposta de casamento para a moça. Inês quer saber para quando. Lianor responde que já traz solução. Inês responde que só se casará com um homem culto, ainda que pobre e miserável, mas que tenha boa conversa. Lianor diz que traz um bom marido, rico, honrado e conhecido, que a quer ainda que pobre. Inês afirma que primeiro quer saber se é idiota ou sabido. Lianor entrega-lhe uma carta de Pero Marques, que é prontamente lida. Inês não gosta da carta. Lianor aconselha a moça a casar-se.

Inês concorda com a vinda de Pero Marques, mas apenas para fartar-se de rir do vilãozinho[58]. Pero Marques vem vestido como filho de lavrador rico, com gabão e capelo[59]:

PERO Homem que vai onde eu vou
não se deve de correr.
Ria embora quem quiser,
que eu em meu siso estou.
Não sei onde mora aqui...
Olhai que me esquece a mi!...
Eu creio que nesta rua...
Esta parreira é sua.
Já conheço que é aqui!
Chega Pero Marques aonde elas estão, e diz:
"Digo que esteis muito embora.
Folguei ora de vir cá...
Eu vos escrevi de lá
ua cartinha, senhora...
Assi que... e de maneira..."

A Mãe conversa com Pero Marques. Este apresenta-se e fala de suas posses e de seu desejo de casar-se com Inês. Esta senta-se de costas, desprezando o rapaz. A Mãe deixa os dois a sós. Pero Marques usa um linguajar antigo, que desperta ainda mais a ironia de Inês. Esta, diante do anúncio do rapaz que quer partir antes de escurecer, afirma que ele não deve mais procurá-la, porque não quer se casar com ele. Pero afirma que não a aborrecerá mais, mas que também não se casará. Mostra-se preocupado com a segurança dela. Depois que ele parte, Inês ironiza-o ainda uma vez considerando-o covarde e que se outro homem a encontrasse àquela hora, diria mil doçuras.

Vem a MÃE e diz:
Pero Marques foi-se já?

INÊS Pera que era ele aqui?
MÃE Não te agrada ele a ti?
INÊS Vá-se muitieramá[60]!
Que sempre disse e direi:
Mãe, eu me não casarei
senão com um homem discreto[61],
e assi vo-lo prometo;
ou antes o leixarei.

Que seja homem mal feito,
feio, pobre, sem feição;
como tiver discrição,
não lhe quero mais proveito.
E saiba tanger viola,
e coma eu pão e cebola.
Siquer uma cantiguinha!
Discreto, feito em farinha
porque isto me degola[62].

MÃE Sempre tu há-de bailar,
e sempre ele há-de tanger?
Se não tiveres que comer,
o tanger te há-de fartar?
INÊS Cada louco com sua teima.[63]
Com ua borda de boleima[64]
e ua vez d'água fria,
não quero mais cada dia.
MÃE Como às vezes isso queima!

INÊS E que é desses escudeiros?
Eu ontem ali,
que passarão por aqui
os judeus casamenteiros
e hão-de vir logo aqui.

COMENTÁRIOS: Mãe e filha não se entendem com relação aos pretendentes de Inês. Esta quer um homem de boas maneiras, fidalgo, que saiba cantar e tanger viola. A mãe ironiza a filha, perguntando se ela sempre há de dançar e cantar sem ter o que comer. Inês afirmara que preferia sempre comer pão com cebola.

Aqui entram os Judeus casamenteiros, chamados um Latão e o outro Vidal, e dizem a Inês que encontraram o marido que ela deseja. Gabam as qualidades do rapaz. A Mãe critica a falta de vergonha da filha curiosa. Vidal comunica que só encontraram um marido para ela em Badajoz, músico, discreto e solteiro, mas que este safou-se deles. Enfim, que virá para ter com Inês um outro escudeiro de boa fala e tangedor de viola, além de ter gala.

COMENTÁRIOS: Temos aqui, o que consideramos o fim da primeira parte. Encontramos nesse trecho uma análise precisa do comportamento da sociedade portuguesa da época e seus valores. A mãe de Inês representa o comportamento tradicional da sociedade da época, apenas preocupada com a solidez financeira do casamento. Inês representa os sonhos de fidalguia, de nobreza nova, já que não procede de casa fidalga. Ela não dá importância à riqueza, daí desprezar Pero Marques, mas valoriza a boa cultura, sinal claro de que representa a mulher pequeno-burguesa do século XVI, que já aprendeu as letras. A mãe representa o Portugal medievo, ignorante. Inês parece trocar a segurança de um casamento estável pela aventura e o prazer da música.

Vem o Escudeiro com seu Moço que lhe traz uma viola, e diz, falando só:

ESCUDEIRO Se esta senhora é tal
como os Judeus ma gabaram,
certo os anjos a pintaram,
e não pode ser i al[65].
Diz que os olhos com que via
eram de Santa Luzia;
cabelos, da Madanela...
Se fosse moça donzela,
tudo essoutro passaria...[66]

Moça de vila[67] será ela,
com sinalzinho postiço,
e sarnosa no toutiço[68],
como burra de Castela.
Eu, assi como chegar,
cumpre-me bem atentar
se é garrida[69], se é honesta,

porque o milhor[70] da festa
é achar siso e calar.

MÃE Se este escudeiro há-de vir,
(falando a Inês) e é homem de discrição,
hás-te de pôr em feição,
e falar pouco, e não rir.
E mais, Inês: não muito olhar,
e muito chão o menear,
Por que[71] te julguem por muda:
porque a moça sesuda[72]
é ua perla pera[73] amar.

ESCUDEIRO Olha cá, Fernando, eu vou
(falando ao criado) Ver a com que hei-de casar.
Avisa-te que há-de estar
sem barrete onde eu estou.
MOÇO (à parte) Como a Rei, corpo de mi![74]
Muito bem vai isso assi!...
ESCUDEIRO E se cuspir pola ventura[75],
põe-lhe o pé e faze mesura.
MOÇO (à parte) Ainda eu isso não vi!

ESCUDEIRO E se me vires mentir,
gabando-me de privado[76],
está tu dissimulado,
ou sai-te lá fora a rir.
Isso te aviso daqui,
faze-o por amor de mi.
MOÇO Porém, senhor, digo eu,
que mau calçado é o meu
pera estas vistas assi.
ESCUDEIRO Que farei, que o sapateiro
não tem solas, nem tem pele?
MOÇO Sapatos me daria ele,
se me vós désseis dinheiro...
ESCUDEIRO Eu o haverei agora.
e mais: calças te prometo.
MOÇO Homem que não tem nem preto[77]
(à parte) casa muito na má hora!

Chega o Escudeiro onde está Inês Pereira, e alevantam-se todos, e fazem suas mesuras, e diz o Escudeiro:

ESCUDEIRO Antes que mais diga agora,
Deus vos salve, fresca rosa,
e vos dê por minha esposa,
por mulher por senhora.
Que bem vejo
nesse ar, nesse despejo[78]
mui graciosa donzela,
que vós sois, minh'alma, aquela
que eu busco e que desejo.

O galante escudeiro segue seu discurso cheio de elogios a Inês Pereira. Vidal e Latão falam entre si sobre a possibilidade do casamento realizar-se. O escudeiro apresenta-se como escudeiro do Marechal. Sabe ler e escrever, é bom jogador de bola e sabe tanger viola. Pede que o Moço traga-lhe a viola. O Moço critica à parte o patrão, dizendo que é grosseiro, ignorante e atrevido. Além do mais a viola é emprestada. O Moço comunica que quer partir. O Escudeiro e o Moço discutem à parte, demonstrando que o Moço não é pago por seus serviços, dorme no chão, sem agasalho e com fome.

A Mãe critica Inês, esta pergunta à mãe o que ela tem de ver com isso. O Escudeiro canta o romance de "Mal me quieren em Castilha". Os judeus apressam Inês para tomar a decisão do casamento, enquanto e mãe aconselha a filha a procurar um bom oficial. Inês contraria a mãe e aceita casar-se com o escudeiro Brás da Mata.

ESCUDEIRO Dai-me essa mão, senhora.
INÊS Senhor, de mui boa mente.
ESCUDEIRO Per palavras de presente
vos recebo desd'agora.

Nome de Deus, assi seja!
Eu, Brás da Mata, escudeiro,
recebo a vós, Inês Pereira,
por mulher e por parceira,
como manda a Santa Igreja.

INÊS Eu aqui, diante Deus,
Inês Pereira, recebo a vós,
Brás da Mata, sem demanda,
como a Santa Igreja manda.[79]

A mãe de Inês convida os amigos para dançarem e cantarem. Depois da festa, encomenda a filha ao marido e deixa para eles a casa, mudando-se para outra casinha.

"Senhor filho e senhor meu,
pois que já Inês é vossa,
vossa mulher e esposa,
encomendo-vo-la eu.
E pois que, des'que nasceu,
a outrem não conheceu,
senão a vós, por senhor,
que lhe tenhais muito amor,
que amado sejais no Céu."

Depois da saída da Mãe, Inês começa a lavrar e a cantar. O Escudeiro proíbe a esposa de cantar, ameaçando-a Comunica, ainda, que não deve responder-lhe, porque homem sério mantém a mulher reprimida. Proíbe Inês de falar com homem ou mulher, de ir à igreja. Brás da Mata prega as janelas para que Inês não possa colocar-se nelas.

"Estareis aqui encerrada.
nesta casa tão fechada,
como freira d'Oudivelas."

Depois de mostrar todo seu machismo a Inês Pereira, Brás da Mata comunica ao Moço que partirá para a guerra para fazer-se cavaleiro. Manda-o ficar ali para olhar o que faz Inês de Castro, mantendo-a fechada pelo lado de fora. Segue-se um diálogo entre o Escudeiro e o Moço. Este sempre emprega a ironia para mostrar a falta de dinheiro do escudeiro.

Depois que o Escudeiro parte, o Moço comunica Inês que deve obedecer ao seu senhor, trancando-a, e que irá sair para divertir-se com as moças lá fora.

Inês, arrependida da escolha que fizera, reclama do trabalho e da clausura, jurando que, se estiver outra vez solteira, saberá escolher marido que seja pacífico o ano inteiro e que obedeça ao que ela mandar.

COMENTÁRIOS: Encerra-se aqui o que se pode considerar como a segunda parte da peça. Inês, contrariando os desejos da mãe, casa-se com o escudeiro Brás da Mata. Este mostra-se bem diferente depois do casamento, trancando a mulher dentro de casa e proibindo-a de sair ou postar-se à janela. Exige silêncio e obediência total. O desejo de liberdade de Inês cai por terra nas mãos do machista e exigente marido. Inês livrou-se da mãe para sofrer ainda mais nas mãos do marido. Sua rebeldia contra os mandos maternas conduziram-na para um sofrimento ainda maior. Cumpre-se aqui uma parte do mote: Inês caíra do cavalo, vendo seus sonhos serem desfeitos.

Três meses se passam desde a partida do Escudeiro para Arzila. Inês recebe uma carta que comunica a morte de Brás da Mata. Este fora morto por um mouro pastor ao fugir da batalha para a vila, a meia légua de Arzila.

Inês pede ao Moço a chave e manda-o buscar sua vida.

INÊS Mas que nova tão suave!
Desatado é o nó!
Se eu per ele ponho dó[80],
o diabo m'arrebente!
Pera mi era valente
e matou-o um mouro só.

Guardar81 de cavaleirão
barbudo, repetenado[82],
que em figura d'avisado
é malino e sotrancão[83].
Agora quero tomar,
pera boa vida gozar,
um muito manso marido.
Não no quero já sabido,
pois tão caro há-de custar.[84]

Inês encontra-se com Lianor Vaz e finge estar chorando. Lianor conforta a amiga, aconselhando-a a casar-se com Pero Marques, não se preocupando com a opinião dos outros por não guardar luto por Brás da Mata.

Vai Lianor Vaz per Pero Marques, e fica Inês Pereira só, dizendo:

Andar! Pero Marques seja!
Quero tomar por esposo
quem se tenha por ditoso
de cada vez que me veja.
Por usar de siso mero[85]
asno que me leve quero,
e não cavalo folão[86];
antes lebre que leão,
antes lavrador que Nero[87]

Pero Marques vem com Lianor. Esta manda-o abraçar Inês, tomando-a por mulher e parceira. Pero Marques sente-se acanhado, afirmando que só o fará quando a tiver por mulher. Lianor apressa o casamento, fazendo-o dizer as palavras que o confirmarão. Isto feito, Lianor parte, deixando o casal a sós.

INÊS Marido, sairei eu agora
que há muito que não saí?
Si, mulher, saí-vos i,
que eu me irei para fora.[88]

INÊS Marido, não digo isso.
PERO Pois que dizeis vós, mulher?
INÊS Ir folgar onde eu quiser.
PERO I onde quiserdes ir,
vinde quando quiserdes vir,
estai quando quiserdes estar.
Com que podeis vós folgar
que eu não deva consentir?[89]

Vem um ermitão[90] a pedir esmola, que quando moço quis bem a Inês Pereira e diz:

"Senõres, por caridad,
dad limosna[91] al dolorido
ermitaño de Cupido[92],
pera siempre en soledad[93],
pues su siervo soy nacido.
Por exemplo
me meti en su santo templo
ermitaño em pobre ermita,
fabricada de infinita
tristeza en que contemplo;"[94]

O ermitão é um antigo conhecido de Inês que serve a Cupido desde que foi desprezado pela donzela, que não quis entregar-se a ele. O ermitão confessa a Inês que se tornou ermitão por causa dela. Inês lembra-se dele, pois mandava coisinhas à casa de sua tia quando ainda era Inesinha e não queria falar com ele. Inês promete ir até a ermida um dia daqueles. O ermitão despede-se.

INÊS (à parte) Em tudo é boa a conclusão.
(a Pero) Marido, aquele ermitão
é um anjinho de Deus...
PERO Corregi vós esses véus
e ponde-vos em feição.[95]
INÊS Sabeis vós o que eu queria?
PERO Que quereis, minha mulher?
INÊS Que houvésseis por prazer
de irmos lá em romaria.

PERO Seja logo sem deter!
INÊS Este caminho é comprido;
contai ua estória, marido.
PERO Bofá que me praz[96], mulher.
INÊS Passemos primeiro o rio.
Descalçai-vos
PERO E pois como?
INÊS E levar-me-eis ao ombro,
não me corte a madre o frio.[97]

Põe-se Inês Pereira às costas do marido, e diz:

Marido, assi me levade!
PERO Ides à vossa vontade?
INÊS Como estar no paraíso!
PERO Muito folgo eu com isso.
INÊS Esperade ora, esperade!
Olhai que lousas[98] aquelas
para poer[99] as talhas nelas!
PERO Quereis que as leve?
INÊS Si:ua aqui e outra aqui.
Oh, como folgo com elas!
Cantemos, marido, quereis?
PERO Eu não saberei entoar...
INÊS Pois eu hei só de cantar
e vós respondereis,
cada vez que eu acabar:
"Pois assi se fazem as cousas".

Canta Inês Pereira:
Marido cuco me levades,
e mais duas lousas.
PERO "Pois assi se fazem as cousas".

INÊS Bem sabes vós, marido
quanto vos amo;
sempre fostes percebido
pera gamo[100].
Carregado ides, noss'amo,
com duas lousas.
PERO "Pois assi se fazem as cousas."

INÊS Bem sabedes vós, marido,
quanto vos quero;
sempre fostes percebido
pera cervo.
Agora vos tomou o demo
com duas lousas.

PERO "Pois assi se fazem as cousas."
E assi se vão, e se acaba o dito Auto.

LAUS DEO[101].

III – RESUMO DA PEÇA

Inês é uma jovem donzela que vive com a mãe, com quem se dá muito mal. A mãe obriga Inês a trabalhar, enquanto a moça gosta mesmo de passear e divertir-se. Inês encomenda de dois judeus alcoviteiros um marido fidalgo. Este podia ser pobre, mas deveria ter boa conversa, bons modos e gostar de divertir-se.

Lianor Vaz procura Inês e a mãe para pedir Inês em casamento para um primo, que é um lavrador rico, por nome Pero Marques. No caminho da casa das duas, Lianor foi atacada por um clérigo tarado que a queria estuprar. Lianor conta o fato mostrando-se no final até animada com o ataque sexual, que não se consuma por serem interrompidos por um homem em montaria. O frade foge assustado, não consumando o ato. A mãe de Inês conta que algo semelhante aconteceu também com ela na juventude.

Inês recusa o pedido de Pero Marques. Este mostra-se muito decepcionado e promete que só se casará se for com ela. Os dois judeus vão à casa de Inês comunicar que encontraram um marido para a moça. Logo depois chega o escudeiro Brás da Mata, que vem junto com Fernando, seu empregado. Este, vive a ironizar o patrão que não paga seus salários e vive endividado. Brás da Mata é bom violeiro, dança e fala muito bem, o que agrada muito Inês, que aceita casar-se com ele. Cumprido o ritual simples da época, a mãe de Inês oferece ao genro e à filha sua casa e retira-se para outra casinha.

Brás da Mata cerra com madeiras as janelas e proíbe Inês de sair de casa ou olhar pela janela, para tristeza e desespero da moça. Arruinado, o escudeiro decide ir para a guerra para tentar fazer-se cavaleiro. Manda que o empregado tomar conta de Inês, mantendo-a trancada dentro de casa. Depois, parte para Arzila. Fernando cumpre as ordens do patrão, trancando Inês em casa antes de sair para divertir-se com as moças do lugar. Inês cumpre sua sina de muito trabalho e nenhuma diversão, vendo todos os seus sonhos derrubados. Promete que se ficar novamente solteira, encontrará um marido em quem possa mandar.

Chega uma carta para Inês, comunicando a morte de Brás da Mata ao tentar fugir para vila próxima a Arzila. Inês manda o empregado cuidar de sua vida e arruma-se para sair. Finge para Lianor Vaz estar muito triste. Lianor arranja-lhe casamento com Pero Marques, que se mostra um marido bondoso e liberal que o primeiro.

Inês recebe a visita de um ermitão e descobre que este é o mesmo que, quando ela era moça e estava na casa da tia, lhe mandava muitos presentes. Inês recusara-se a conversar com o rapaz quando era donzela, fazendo com que se tornasse ermitão de Cupido. Inês decide marcar com o ermitão um encontro na ermida deste, para entregar como esmola o que recusara na mocidade.

Inês convence Pero Marques que o ermitão é um anjinho de Deus e que devem ir em romaria até a ermida do mesmo. Pero Marques não só acompanha a mulher, mas atravessa um rio com ela nos ombros para evitar que o frio traga-lhe esterilidade. No caminho, Inês obriga o marido a carregar duas pesadas pedras e canta, acompanhada no refrão pelo marido.

IV – ESTRUTURA

A peça A Farsa de Inês Pereira apresenta um único ato, como era bastante comum nos autos medievais que influenciaram Gil Vicente. Sua estrutura é muito simples, quase primária no que diz respeito à efabulação. A intenção principal do autor não foi fixar conflitos psicológicos, mas criar "um teatro de sátira social, um teatro de idéias, um teatro polêmico". A comicidade torna-se mais evidente à medida que nos deparamos com a criação de tipos comuns, arquétipos de uma sociedade principiando no mercantilismo quinhentista, mas com um dos pés ainda preso à cultura e aos valores morais e religiosos medievais. São essas caricaturas que dão vigor ao texto vicentino; dão vida e brilho à representação das crendices, dos comportamentos e dos costumes da época.

A peça pode ser dividida pelo seu conteúdo em três partes ou etapas, que acompanham a trajetória da protagonista. A primeira está ligada à presença de Inês Pereira na casa da mãe, cumprindo as ordens maternas com relação às obrigações domésticas. Nessa fase, temos o sofrimento de Inês, que não gosta de trabalhar e prefere, como tantas outras moças, olhar pela janela e folgar. A segunda, mostra Inês casada com Brás da Mata, sofrendo com as rígidas ordens e o machismo do marido, trabalhando mais do que no período que estava sob as ordens maternas. A terceira, mostra Inês viúva, aceitando a proposta de casamento de Pero Marques e encontrando na proteção inocente do novo marido a vida folgada que sonhava desde os tempos em que vivia com a mãe e a liberdade desejada. Trai alegremente o tolo e manso marido, sem que este perceba.

A) Espaço: O espaço é Tomar, em Portugal. Entretanto, cabe lembrar que Gil Vicente não apresenta unidade de espaço, o que possibilita passagens por vários diferentes lugares em Tomar no transcorrer da peça.

B) Tempo: O tempo é indeterminado, psicológico, mas podemos estabelecer um período entre as primeiras décadas do século XVI, através dos desejos e valores apresentados através do comportamento de Inês.

C) Diálogos: É interessante destacar a capacidade criativa e de observação de Gil Vicente, pois suas personagens traduzem em suas falas seu grau de cultura e sua posição social, o que dá à peça verossimilhança. Devemos destacar ainda o fato de que as falas são quase sempre muito curtas, diretas. Os períodos sintéticos dão à peça o ritmo necessário para evitar a monotonia.

D) Personagens:

1) **Inês Pereira:** Inês é uma bela moça da pequena burguesia provinciana. Em permanente conflito com a mãe, que a atormenta com as obrigações domésticas, sonha em casar-se com um homem que represente a coragem, a educação e a nobreza. Despreza os valores da vida camponesa, ligados à rusticidade e simplicidade. Sonha, ainda, casar-se por amor, mas descobre que o primeiro marido não tem verdadeiramente a personalidade que desejava. Aceita, depois de viúva, casar-se com o rico e jeca Pero Marques, a quem domina e despreza. O adultério será seu passo seguinte, mostrando assim toda sua falsidade, aprendida esta com o sofrimento do primeiro casamento. Inês representa os valores da ascensão social pretendida pela pequena burguesia lusitana.

2) **Brás da Mata:** Primeiro marido de Inês Pereira, é escudeiro avulso, ou seja, não conta com salários fixos do fidalgo a quem serve, o que o faz estar sempre endividado. Até mesmo a viola que

carrega e com a qual conquista Inês ao tocar e cantar, é emprestada. Não consegue sequer pagar os salários de seu empregado Fernando. Brás da Mata enxergou no casamento a possibilidade de suprir suas necessidades financeiras. Oportunista e espertalhão, finge possuir condições culturais e sociais que o igualariam ao ideal da fidalguia que Inês almejava. Sua postura cortês desaparece após o casamento, revelando-se um indivíduo machista e ciumento, que escraviza a mulher em casa. Além de mentiroso e hipócrita, o escudeiro é covarde. Sonha em fazer-se cavaleiro e alcançar as graças da fidalguia, mas acaba sendo morto por um simples pastor mouro ao tentar fugir da luta. É uma caricatura dos escudeiros lusitanos, acovardados em sua função subalterna.

3) **Pero Marques:** Segundo marido de Inês Pereira, é um lavrador rico e ignorante, caricatura do jeca, do caipira lusitano. Possui dinheiro, mas nenhum trato social, mal sabe escrever. Além disso é tímido e ridículo em suas atitudes. Desprezado pela bela Inês, que ri do vilãozinho, firma seu propósito em só se casar se for com Inês. Demonstra assim, seu comportamento teimoso, como um asno. Ingênuo e tolo, deixa-se facilmente dominar e conduzir por Inês Pereira, chegando mesmo a conduzir a mulher aos ombros para que esta se encontre com o amante.

4) **Mãe de Inês:** É uma mulher presa aos valores morais do Portugal antigo. Ligada aos valores da pequena burguesia, preocupa-se com a filha, a quem obriga a trabalhar por acreditar no trabalho como melhor caminho para arranjar um casamento rico. Ao contrário de Inês, deseja para a filha um homem conhecido e rico. Sua prudência contrapõe-se ao comportamento arriscado de Inês.

5) **Lianor Vaz:** É uma mulher do povo, casamenteira. Podemos enxergar nela a caricatura da alcoviteira. Destaca-se em seu comportamento o caráter decidido e prático.

6) Os judeus alcoviteiros, **Latão e Vidal:** São caricaturas dos judeus espertalhões da época de Gil Vicente. Muito parecidos física e psicologicamente. São hábeis ao elogiar seu produto, falantes e maliciosos, conduzem até Inês sua encomenda, no caso, o escudeiro Brás da Mata.

7) **Moço:** Fernando é empregado do escudeiro Brás da Mata. Leva uma vida miserável, sendo explorado pelo patrão, que não paga seus salários. Dorme no chão da cozinha, sem agasalho e com fome. Parece vingar-se do patrão através da ironia.

8) Ermitão: Antigo conhecido de Inês na mocidade. Tornou-se monge depois de ter sido desprezado pela moça, que não se deixou seduzir por seus presentes. Aproveita-se do fato de encontrar a antiga amada para pedir como esmola os favores sexuais que a moça negou na juventude.

V – ESTILO DE ÉPOCA E ESTILO INDIVIDUAL

Gil Vicente está inserido no estilo do Humanismo português, literatura do século XV. Tal inclusão deve-se mais pela linguagem e intenção moralizadora de sua obra do que realmente pela época, já que o apogeu de sua dramaturgia coincide cronologicamente com o Classicismo português, século XVI.

Gil Vicente herda das peças medievais o espírito religioso e o moralismo. O teatro medieval era composto por diversas espécies, tais como os mistérios, os milagres, as farsas, as sotties (tipo de farsas cujos protagonistas são parvos), sermões burlescos, monólogos recitados e jograis mascarados com vestes sacerdotais. Encontramos também influência do dramaturgo castelhano Juan del Encina, que foi poeta palaciano. De um modo geral, as peças vicentinas sofrem influência da tradição popular portuguesa, baseadas que são na própria realidade nacional.

Cabe destacar que Gil Vicente representou uma modernização do teatro português, já que não seguiu o teatro clássico greco-romano, rompendo com a regra da unidade de ação, tempo e espaço. Normalmente, as peças de Gil Vicente privilegiam uma sucessão de quadros, deixando de lado a ação tradicional. Além do mais, há multiplicidade de espaço e o tempo, apesar de linear, é muitas vezes interrompido, havendo lacuna de dias, meses ou anos.

Além disso, a incorporação da fala popular e o emprego predominante dos versos curtos, principalmente redondilhos, dão ritmo e agilidade ao texto vicentino, agradando sobremaneira a todos os tipos de espectadores ou leitores.

VI – PROBLEMÁTICA E PRINCIPAIS TEMAS

Encontramos n'*A Farsa de Inês Pereira*, a discussão do papel da mulher na sociedade portuguesa da época. Nesse sentido, Inês representa uma contradição, já que desejava escolher o próprio marido. De um modo geral, cabia aos pais esse papel de escolher os pretendentes das filhas. Inês Pereira é a mulher que parece rebelar-se contra o destino que lhe seria reservado pela mãe, educada e pequeno-burguesa, sabe de sua condição existencial, escravizada pelo trabalho doméstico, a clausura do lar e a falta de liberdade, mas aspira pela ascensão social através do casamento com um fidalgo. Está mesmo disposta ao sacrifício financeiro para atingir seus objetivos. Anseia pela felicidade de um casamento por amor.

Ao contrário da filha, a mãe acredita que o trabalho é uma qualidade indispensável para uma boa esposa. Esse pensamento revela a ideologia social de que a esposa deveria ser antes de tudo diligente. Ausente do mercado de trabalho urbano, o valor da mulher estava em ser bonita, doméstica e geradora de filhos. A fama de preguiçosa reduziria as oportunidades de Inês fazer um bom casamento. Entretanto, Inês não comungava as idéias da mãe, revelando-se rebelde e questionando constantemente os valores sociais e morais defendidos pela mãe.

Essa rebeldia estende-se também ao fato de Inês não esperar para ser escolhida por um homem, mas sim escolher. Inês não está preocupada com dotes físicos ou com a situação financeira do futuro marido. É importante que, além das virtudes palacianas, saiba tanger viola, já que Inês anseia por diversão. Essa fantasia adolescente acabará por decepcioná-la. A experiência da maturidade vem através de Lianor Vaz e da mãe de Inês, em forma da sabedoria popular própria dos ditados, que mostram "a importância do casamento como meio de segurança da mulher, estabilidade e manutenção da moralidade". A mãe pretende para Inês um homem abastado, como Pero Marques, dono de terras e gado, mas ele é rejeitado por Inês por não ser discreto e inteligente. Também para Lianor, Pero Marques é um bom marido. Entretanto, Inês prefere dar asas à imaginação e esperar para escolher um marido que preencha os requisitos de seu ideal de homem.

Não dando ouvidos à experiência e deixando-se conduzir pelo sonho, Inês casa-se com Brás da Mata e encontra no marido o repressor, ao contrário de tudo que esperava de um fidalgo. Inês aprende com o sofrimento. Não deseja mais um marido discreto, mas alguém em quem possa mandar. A morte de Brás da Mata possibilita a troca do cavalo bravo pelo asno. Contrariando seus sonhos, mas obedecendo inconscientemente aos desejos da mãe, que sempre esteve certa, Inês casa-se com Pero Marques e prepara-se para enganar o tolo e manso asno.

Destacamos entre os principais temas da peça:

a) A crítica ao comportamento da sociedade portuguesa do século XVI.
b) O desejo de ascensão social através do casamento.
c) A valorização da vida na corte.
d) O desprezo pelos valores do campo.
e) O oportunismo e a ambição do escudeiro que sonha com a vida fidalga.
f) A falta de escrúpulos da pequena burguesia provinciana.
g) Anticlericalismo: censura a desconformidade entre os atos e os ideais.
h) A hipocrisia e o adultério (representados em Inês Pereira).
g) O machismo (representado em Brás da Mata)
h) A ignorância e a tolice (representadas em Pero Marques).

UBIRAJARA
DE JOSÉ DE ALENCAR

A obra utilizada para citações foi O Guarani, J.A., Ed. Ática, ed., SP.

I – BIOGRAFIA E BIBLIOGRAFIA

José Martiniano de Alencar nasceu em Mecejana (CE) a 1º de maio de 1829. Formou-se em Direito pelo Recife, tendo antes passado pela Faculdade de Direito de São Paulo, onde fundou uma revista semanal de Ensaios Literários. Ao terminar o curso, voltou para o Rio, onde exerceu função de advogado, tendo também colaborado diariamente no jornal O Correio Mercantil.

Em 1856, Alencar iniciou sua polêmica a respeito de *A Confederação dos Tamoios* de Gonçalves de Magalhães no Diário do Rio de Janeiro, sob o pseudônimo de Ig. Desentendeu-se com o próprio imperador D. Pedro II, que era amigo particular do autor do poema, e que publicara o livro às suas expensas. Nesse mesmo ano, publicou seu primeiro romance, *Cinco Minutos*. Em 1857, escreveu *O Guarani* como resposta à polêmica sobre a obra de Gonçalves de Magalhães. A polêmica, entretanto, continuou tendo sido Alencar criticado pelo português Antônio Feliciano de Castilho e pelo brasileiro Franklin Távora por sua linguagem cheia de erros, isto segundo as normas gramaticais lusitanas.

Alencar candidatou-se a deputado pelo Partido Conservador pelo Ceará e foi eleito, tentando dar prosseguimento à carreira do pai. Em 1861, estreou na política. Em 1864, casou-se com Ana

Cochrane. Em 1868, tornou-se Ministro da Justiça. No ano seguinte, candidatou-se a senador pelo Ceará. Foi o mais votado, mas seu nome acabou vetado pelo imperador. Encerrou a carreira política, dedicando-se integralmente à literatura.

Viajou para a Europa em tratamento de saúde em 1877. Voltou ao Rio no mesmo ano, onde morreu aos 12 de dezembro, vitimado pela tuberculose. Contava 48 anos esse grande herói das letras nacionais, que deixou uma obra de vulto e uma série de polêmicas ligadas à luta pela criação de uma literatura nacional. Nosso maior escritor romântico, Alencar transformou sua carreira literária num verdadeiro combate contra a invasão da cultura importada, em busca de uma língua literária nacional que realmente expressasse os anseios mais autênticos de nossa gente.

Alencar é considerado o maior romancista romântico brasileiro não apenas pelo volume de sua obra, mas também pela visão panorâmica do Brasil, retratando-o de Norte a Sul e fixando os vários períodos de nossa História.

OBRAS: Destacaremos apenas os romances, seguindo-se a ordem cronológica de publicação: *Cinco Minutos* (1856), *O Guarani* (1857), *A Viuvinha* (1869), *Lucíola* (1862), *Diva* (1864), *Iracema* (1865), *O Gaúcho* (1870), *A Pata da Gazela* (1870), *O Tronco do Ipê* (1871), *Guerra dos Mascates* (1871-1873), *Sonhos D'Ouro* (1872), *Alfarrábios* (1873), *Ubirajara* (1874), *Senhora* (1875), *O Sertanejo* (1875) e *Encarnação* (1893).

II – INTRODUÇÃO

Ubirajara foi o terceiro romance indianista ou nativista publicado por José de Alencar, tendo sido escrito provavelmente em 1873, foi publicado em 1874. Encontramos na obra os elementos que tornaram seu autor o maior de nossos escritores românticos, tais como a linguagem abrasileirada, a trama romanesca bem construída, a idealização de personagens, a valorização moral de seus protagonistas, o descritivismo de cenário minucioso, a valorização da natureza e a presença de elementos lingüísticos indígenas. Das obras indianistas alencarianas, foi sem dúvida esse romance a mais completa em termos de pesquisa lingüística do tupi-guarani e da cultura indígena brasileira. Por tratar-se de um romance pré-cabralino, ou seja, cujo enredo passa-se antes do descobrimento do Brasil, Alencar esmerou-se no estudo dos usos e costumes das tribos mencionadas, antes de recriar o cenário de um Brasil selvagem e puro, sem contato com a cultura descaracterizadora européia.

A presente obra mostra um traço comum nas obras classificadas de indianistas de Alencar: a presença do simbólico. Temos aqui a representação de um país puro em todos os sentidos, desde uma natureza intocada pela mão do branco colonizador, como de uma cultura indígena não maculada pela influência religiosa ou cultural européia. É a América virgem, povoada apenas pelos seus legítimos possuidores, fiéis aos seus valores morais e à cultura herdade de seus antepassados. A integração que se representa na obra através de Ubirajara e as duas índias de tribos diversas, é a ocorrida entre tribos para o fortalecimento genético, que revitalizaria a bravura, a força e o heroísmo de que se vale o protagonista Ubirajara.

Esse é o símbolo de um heroísmo que não se vê mais, pois Ubirajara foi formado na receita moral herdada dos antepassados e acrescido de uma força descomunal que o torna o melhor representante da cultura indígena nacional e, por conseguinte, de nossa pátria, enquanto herói idealizado, símbolo de uma brasilidade original e pura. Ubirajara é idealizado à maneira do cavaleiro medieval apaixonado por sua causa e que parece oferecer a própria vida em várias ocasiões para defender seus objetivos e ideais. Ao contrário dos romances indianistas anteriores, *O Guarani* e *Iracema*, *Ubirajara* parece concretizar de maneira mais próxima e, portanto, mais verossímil o mito do bom selvagem de Rosseau, uma vez que é o selvagem puro e sem contato com o branco. Ubirajara é o diamante em estado bruto.

Acreditando que roubar ao leitor o prazer de uma leitura mais completa seria um crime inaceitável, em se tratando da presente obra, procuramos manter o máximo da linguagem e do enredo, evitando análises desnecessárias diante da simplicidade aparente da própria obra. Desculpamo-nos por essa atitude imperdoável para com os leitores de meros resuminhos simplificados em menos de dez páginas.

III – RESUMO DO ENREDO

ADVERTÊNCIA

"Este livro é irmão de Iracema.

Chamei-lhe de lenda como ao outro. Nenhum título responde melhor pela propriedade, como pela modéstia, às tradições da pátria indígena.

Quem por desfastio[102] percorrer estas páginas, se não tiver estudado com alma brasileira o berço de nossa nacionalidade, há de estranhar em outras coisas a magnanimidade[103] que ressumbra[104] no drama selvagem a formar-lhe o vigoroso relevo.

Como admitir que bárbaros, quais nos pintaram os indígenas, brutos e canibais, antes feras que homens, fossem suscetíveis desses brios nativos que realçam a dignidade do rei da criação?

Os historiadores, cronistas e viajantes da primeira época, senão de todo o período colonial, devem ser lidos à luz de uma crítica severa. É indispensável sobretudo escoimar[105] os fatos comprovados, das fábulas a que serviam de mote[106], e das apreciações a que os sujeitavam espíritos acanhados, por demais imbuídos de uma intolerância ríspida.

Homens cultos, filhos de uma sociedade velha e curtida por longo trato de séculos, queriam esses forasteiros achar nos indígenas de um mundo novo e segregado[107] da civilização universal uma perfeita conformidade de idéias e costumes.

Não se lembravam, ou não sabiam, que eles mesmos provinham de bárbaros ainda mais ferozes e grosseiros do que os selvagens americanos.

Desta prevenção não escaparam muitas vezes espíritos graves e bastante ilustrados para escreverem a história sob um ponto de vista mais largo e filosófico.

Entre muitos citarei um exemplo. Barlaeus referindo as justas que se faziam entre os selvagens para obterem em prêmio de seu valor a virgem mais formosa, não se esqueceu de acrescentar este comento[108] - finis spectantium est voluptas.

Narrados com este pessimismo, as cenas da cavalaria, os torneios e justas não passariam de manejos inspirados pela sensualidade. Nada resistiria à censura ou ao ridículo.

Por igual teor, senão mais grosseiras, são as apreciacões de outros escritores acerca dos costumes indígenas. As coisas mais poéticas, os traços mais generosos e cavalheirescos do caráter dos selvagens, os sentimentos mais nobres desses filhos da natureza são deturpados por uma linguagem imprópria, quando não acontece lançarem à conta dos indígenas as extravagâncias de uma imaginação desbragada.

Releva ainda notar que duas classes de homens forneciam informações acerca dos indígenas: a dos missionários e a dos aventureiros. Em luta uma com outra, ambas se achavam de acordo nesse ponto, de figurarem os selvagens como feras humanas. Os missionários encareciam assim a importância da sua catequese; os aventureiros buscavam justificar-se da crueldade com que tratavam os índios.

Faço estas advertências para que ao lerem as palavras textuais dos cronistas citados nas notas seguintes não se deixem impressionar por suas apreciações muitas vezes ridículas. É indispensável escoimar o fato dos comentos de que vem acompanhado, para fazer uma idéia exata dos costumes e índole dos selvagens.[109]

O CAÇADOR

"Pela margem do grande rio,[110] caminha Jaguarê[111], o jovem caçador. O arco pende-lhe ao ombro, esquecido e inútil. As flechas dormem no coldre da uiraçaba[112].

Os veados saltam das moitas de ubaia[113] e vêm retouçar na grama, zombando do caçador.

Jaguarê não vê o tímido campeiro, seus olhos buscam um inimigo capaz de resistir-lhe ao braço robusto.

O rugido do jaguar abala a floresta; mas o caçador também despreza o jaguar, que já cansou de vencer.

Ele chama-se Jaguarê, o mais feroz jaguar da floresta; os outros fogem espavoridos quando de longe o pressentem.

Não é esse o inimigo que procura, porém outro mais terrível para vencê-lo em combate de morte e ganhar nome de guerra[114].

Mas o sol três vezes guiou o passo rápido do caçador através das campinas, e três vezes como agora deitou-se além nas montanhas da Aratuba[115], sem mostrar-lhe um inimigo digno de seu valor.

A sombra vai descendo da serra pelo vale e a tristeza cai da fronte sobre a face de Jaguarê.

O jovem caçador empunha a lança de duas pontas, feita da roxa craúba[116], mais rija que o ferro.

Nenhum guerreiro brandiu jamais essa arma terrível, que sua mão primeiro fabricou.

Lá estaca o jovem caçador no meio da campina. Volvendo ao céu o olhar torvo e iracundo[117], solta ainda uma vez seu grito de guerra.

O bramido rolou pela amplidão da mata e foi morrer longe nas cavernas da montanha.

Respondeu o ronco da sucuri na madre do rio e o urro do tigre escondido na furna[118]; mas outro grito de guerra não acudiu ao desafio do caçador.

Jaguarê arremessou a lança, que vibrou nos ares e foi cravar-se além no grosso tronco da emburana.

A copa frondosa ramalhou, como as palmas do coqueiro ao sopro do vento, e o tronco gemeu até à raiz.

O caçador repousa à sombra de sua lança.

Salta uma corça da mata e veloz atravessa a campina.

Mais veloz a persegue gentil caçadora com a seta embebida no arco flexível.

Ergue-se Jaguarê.

Seu olhar ardente voou, sôfrego de encontrar o inimigo que lhe tardava.

Avistando uma mulher, a alegria do mancebo apagou-se no rosto sombrio.

Pela faixa cor de ouro, tecida das penas do tucano, Jaguarê conheceu que era uma filha da valente nação dos tocantins, senhora do grande rio, cujas margens ele pisava.

A liga vermelha que cingia a perna esbelta da estrangeira dizia que nenhum guerreiro jamais possuíra a virgem formosa.[119]

A corça veio cair aos pés de Jaguarê, atravessada pela flecha certeira da jovem caçadora que a seguia de perto.

A virgem reconheceu o cocar da nação que na última lua chegara aos campos do Taari[120] e da qual os pajés tinham dado notícia.

— Guerreiro araguaia[121], pois vejo pela pena vermelha de teu cocar que pertences a essa nação valente; se pisas os campos dos tocantins como hóspede, bem-vindo sejas; mas se vens como inimigo, foge, para que tua mãe não chore a morte de seu filho e tenha quem a proteja na velhice.

— Virgem dos tocantins, Jaguarê já soltou seu grito de guerra. Ele pisa os campos de teus pais como senhor. Tu és sua prisioneira. Não que vencer a corça tímida seja glória para o caçador; mas tu chamarás o inimigo que ele espera."

A virgem foge do guerreiro, que não consegue alcançá-la. Jaguarê dispara sua flecha, que se crava no tronco de uma árvore.

"— A filha dos tocantins tem no pé as asas do beija-flor; mas a seta de Jaguarê voa como o gavião. Não te assustes, virgem das florestas; tua formosura venceu o ímpeto de meu braço e apagou a cólera no coração feroz do caçador. Feliz o guerreiro que te possuir."

A virgem é Araci[122], filha de Itaquê, chefe da nação tocantim. "Cem dos melhores guerreiros o servem em sua cabana para merecer que ele o escolha por filho. O mais forte e valente me terá por esposa. Vem comigo, guerreiro araguaia, excede aos outros no trabalho e na constância, e tu romperás a liga de Araci na próxima lua do amor."

"— Não, filha do sol; Jaguarê não deixou a taba de seus pais onde Jandira lhe guarda o seio de esposa, para ser escravo da virgem. Ele vem combater e ganhar um nome de guerra que encha de orgulho a sua nação. Torna à taba dos tocantins e dize aos cem guerreiros cativos de teu amor, que Jaguarê, o mais destemido dos caçadores araguaias, os desafia ao combate.

— Araci vai, pois assim o queres. Se fores vencido, ela guardará tua lembrança, pois nunca seus olhos viram mais belo caçador. Se fores vencedor, será uma alegria para a virgem do sol pertencer ao mais valente dos guerreiros."

Depois que a virgem parte, Jaguarê descansa. Chega depois um guerreiro tocantim. Respeitosamente os dois se apresentam. O guerreiro tocantim é Pojucã[123], matador de gente, guerreiro chefe da terrível nação tocantim.

"— O ubiratã[124] é forte; mas há outro ubiratã que lhe resiste. Como o braço de Pojucã é que não há outro braço. Já viste, jovem caçador, o veado nas garras da jibóia? Assim vais morrer.

— Se tu fosses a cascavél que somente sabe morder, Jaguarê te esmagaria a cabeça com o pé e seguiria seu caminho. Mas tu és a jibóia feroz; e Jaguarê gosta de estrangular a jibóia. Não morrerás pelo pé, mas pela mão do caçador. Lança teu bote, guerreiro tocantim."

A luta segue-se tremenda. Ambos agarrados como duas árvores. Um pajé viu os lutadores e esconjurou-os, pensando que eram as almas de dois guerreiros presos no abraço da morte. O sol já se punha quando os dois contendores afrouxaram os braços e recuaram para contemplar o adversário. Não demonstravam cansaço. Podiam lutar no corpo a corpo a noite inteira, sem que um prostrasse o outro. Ambos reconhecem a força adversária.

Jaguarê arrancou do tronco da emburana a lança de duas pontas e caminhou outra vez para Pojucã. Este recusou a lança apresentada por Jaguarê, preferindo combater só no braço. Jaguarê manda-o tomar a lança para que não o considere covarde, já que não o mataria desarmado.[125] Pojucã atira-se contra Jaguarê, que lhe trava os pulsos. Os dois campeões ficam imóveis novamente até a noite.

"— Guerreiro araguaia, é preciso acabar o combate. A terra não chega para dois guerreiros como nós. Finca no chão a lança e caminhemos até a margem do rio. Aquele que primeiro chegar, será o senhor da lança e da vida do outro.

Assim fizeram os dois campeões. Chegados à margem do rio, dispararam a corrida. Ao mesmo tempo a mão de ambos tocou a haste da lança; mas Jaguarê, arremessado pelo ímpeto da desfilada, não pôde arrancar a arma que ficou na mão de Pojucã."

O guerreiro chefe caminha para Jaguarê como o matador que se prepara para imolar a vítima. Ainda concede que Jaguarê siga cativo à taba dos tocantins para que cante suas façanhas na festa dos guerreiros. Jaguarê fala que ele é que servirá na taba dos araguaias para ajudar as velhas a varrer a oca. Ouvindo isso, arremessa-se Pojucã e desfecha o golpe, mas a lança roda e ele é que recebe no peito a ponta farpada. Quando o corpo robusto de Pojucã tomba, cravado pelo dardo, Jaguarê de um salto calca a mão direita sobre o ombro esquerdo do vencido e brande a arma sangrenta, soltando o grito do triunfo:

"— Eu sou Ubirajara, o senhor da lança, o guerreiro invencível que tem por arma a serpente. Reconhece o teu vencedor, Pojucã, e proclama o primeiro dos guerreiros, pois te venceu a ti, o maior guerreiro que existiu antes dele.

— Se meu valor, que serviu para aumentar a tua fama, merece de ti uma graça, não deixes que Pojucã sofra mais um instante a vergonha de sua derrota.

— Não, chefe tocantim. Tu me acompanharás à taba dos araguaias para narrar o meu valor. A fama de Jaguarê precisa de um prisioneiro como o grande Pojucã na festa da vitória.

— Tu és cruel, guerreiro da lança; mas fica certo que se tua arma traiçoeira feriu-me o peito, o suplício não vencerá a constância do varão tocantim, que sabe afrontar as iras de Tupã e desprezar a vingança dos araguaias."

O GUERREIRO

Todos se reúnem na taba dos araguaias para festejar a vitória de Jaguarê, que tem diante de si um Pojucã sereno à frente dos inimigos. Camacã, pai de Jaguarê, troou a inúbia[126] para ordenar silêncio e o filho começou: "- Guerreiros araguaias, ouvi a minha história de guerra." Jaguarê exalta a força e valentia de Pojucã. Os braços de Pojucã, quando ele os estende na luta, não há quem os vergue; são dois penedos que saem da terra. Seu corpo é a serra que se levanta no vale. Nenhum homem, nem mesmo Camacã, o pode abalar. Pojucã era o varão mais forte e o mais valente guerreiro que o sol tinha visto até aquele momento. Foi este, guerreiros araguaias, o herói que ofereceu combate ao filho de Camacã; e Jaguarê aceitou, porque logo conheceu que havia encontrado um inimigo digno do seu valor. Ele vos contempla, guerreiros araguaias. Se alguém duvida da palavra de Jaguarê e da força do guerreiro tocantim, chame-o a combate e saberá quem é Pojucã."

Ninguém ousou desafiar Pojucã, por causa de seu olhar ameaçador. "Pojucã alçou a mão em sinal de que desejava falar; todos escutaram com respeito o herói, ainda maior na desgraça. "Pojucã elogia a força de Jaguarê, o maior guerreiro que já pisou a terra."

"E Jaguarê, brandindo a arma da vitória, bradou:

Eu sou Ubirajara, o senhor da lança, que venceu o primeiro guerreiro dos guerreiros de Tupã.

Eu sou Ubirajara,o senhor da lança, o guerreiro terrível que tem por arma uma serpente."

Todos comemoraram o triunfo de Jaguarê. Clamaram Jaguarê, filho de Camacã como irmão nas armas e forte entre os fortes. Depois que cessaram as comemorações, Camacã entregou o arco de Ubiratã a Jaguarê.

"Assim falou o ancião:

— Ubirajara, senhor da lança, é tempo de empunhares o grande arco da nação araguaia, que deve estar na mão do mais possante. Camacã o conquistou no dia em que escolheu por esposa Jaçanã, a virgem dos olhos de fogo, em cujo seio te gerou seu primeiro sangue. Ainda hoje, apesar da velhice que lhe mirrou o corpo, nenhum guerreiro ousaria disputar o grande arco ao velho chefe, que não sofresse logo o castigo de sua audácia. Mas Tupã ordena que o ancião se curve para a terra, até desabar como o tronco carcomido; e que o mancebo se eleve para o céu como a árvore altaneira. Camacã revive em ti; a glória de ser o maior guerreiro cresce com a glória de ter gerado um guerreiro ainda maior do que ele.

Ubirajara recebeu o arco e disse:

— Camacã, tu és o primeiro guerreiro e o maior chefe da nação araguaia. Para a glória de Jaguarê bastava que ele se mostrasse teu filho no valor, como é teu filho no sangue. Mas o grande arco da nação araguaia, Ubirajara não o recebe de ti e de nenhum outro guerreiro, pois o há de conquistar pela sua pujança."

Depois disso, arremessou o arco no meio da ocara[127], desafiando que outro guerreiro viesse disputá-lo. Mas ninguém ousou desafiá-lo. Ubirajara empunhou o arco e brandiu a primeira seta. Camacã deixava seu posto para o filho e trocava o arco pelo bordão do conselho.

A festa durou por muito tempo. Jandira sentia não poder servir ela mesma o cauim[128] ao seu prometido, já que as virgens não participavam da cerimônia.

A NOIVA

Jandira abriu os lindos olhos negros, saltando da rede. Era sua última noite na casa do pai, que seria trocada pela de Jaguarê. "Como guerreiro, ele pode tomar uma esposa; e como chefe pertence-lhe a virgem de sua escolha, entre as mais formosas da taba. Jaguarê já tinha escolhido Jandira. Esta espera Ubirajara, o grande chefe, vir buscá-la."

Ligeira e contente, Jandira corre a banhar-se no rio antes da chegada de Ubirajara, para quem purifica seu corpo e unge-se com o óleo fragrante do sassafrás. Perfuma de beijoim a larga rede que tecera dos fios do algodão entrelaçados com as penas do guará. Quando terminou todos os preparativos, Jandira encostou-se à porta da cabana; seus olhos impacientes chamavam Ubirajara. Mas o guerreiro não vinha. Jandira foi em busca do noivo que a esquecera.

"No mais escuro da mata, vaga o chefe dos araguaias. Jaguarê sonhara com Araci, que lhe falou que os guerreiros tocantins se preparavam para roubar a virgem de seus amores. Araci manda que se erga e parta, se não quisesse chegar tarde. Ele não conseguiu seguir a virgem, que desapareceu na floresta. Neste ponto o guerreiro acordou."

Depois de acordar, seguiu sem querer a direção da taba dos tocantins. Ouviu o rumor de um passo ligeiro através da mata. Era Jandira, que o procurava. Os dois conversaram. Ubirajara reconhece que ainda não pode escolher uma esposa, pois não sabe qual lhe destinara Tupã.

"O lábio de Jandira emudeceu; mas o peito soluçou. A virgem conheceu que o amor de Ubirajara retirava-se dela, e que de todo o perderia se o não defendesse." Sorriu para evitar que a tristeza murchasse a graça. Jandira pede que Ubirajara não despreze Jandira, que fora escolhida para noiva pelo guerreiro, e jura amor. Ubirajara nada responde. Ela diz:

"— Teu amor, Ubirajara, ficará em meu seio como a flor no vale. Jandira te dará muitos filhos e todos dignos de teu valor. Nestes peitos que te pertencem, ela os nutrirá com seu sangue, não menos guerreiro do que o teu; porque é o sangue de Majé, o maior dos anciões, depois de Camacã. Seus braços, que outrora querias para tua cintura[129], não servirão unicamente para te abraçarem, mas também para te servirem. Tua esposa te acompanhará por toda parte, na taba, como no campo do combate; ela cuidará de tua cabana; aprontará as mais saborosas iguarias para seu guerreiro, e fabricará para ele o vinho, que é a alma da festa.

— Jandira é a mais bela das virgens araguaias. Seu amor fará a ventura de um guerreiro valente. Ubirajara não podia achar para si uma esposa mais fiel; nem para seus filhos outra mãe tão fecunda. Mas a noite desceu em sua alma. Só a estrela do dia pode restituir-lhe a alegria que o abandonou. A filha de Majé merece um guerreiro que tenha olhos para a sua formosura."

"Pojucã sentou-se pensativo à porta da cabana." Não era a dor que o incomodava, pois desprezava-a. Sentia no coração as garras de Anhangá[130]. Está consolado da derrota, uma vez que ter resistido à grandeza de Ubirajara enchia-o de glória. Entretanto, esperava que o vencedor fosse generoso e lhe concedesse a honra do sacrifício. "É o temor de que Ubirajara lhe recuse uma morte gloriosa e o retenha cativo, que nesse momento acabrunha o chefe dos tocantins." [131] Pojucã temia a humilhação de ser reduzido a escravo, pois não fugiria, preferindo a morte a tal vergonha.

Ubirajara encaminha para a cabana com o passo rápido. Segue-o Jandira. Pojucã mostra-se altivo ao vê-lo, pois não quer que seu vencedor se regozije[132] de ter-lhe abatido o ânimo inflexível.

Pojucã pede a Ubirajara que lhe conceda a morte gloriosa que os tocantins jamais recusaram a um guerreiro valente, e que somente se nega aos fracos. Ubirajara diz que espera apenas que a ferida de Pojucã esteja curada "para que possa, no dia do último combate, sustentar a fama de seu nome, e a glória de um varão que só foi vencido por Ubirajara". Dito isto, leva aos lábios a inúbia de Camacã e aparecem vinte jovens guerreiros, a quem ele ordenou que chamassem a conselho os anciões.

Ubirajara disse a Pojucã que seguirá o costume de destinar ao prisioneiro a mais bela e a mais ilustre de todas as virgens da taba, para que ela conserve o sangue generoso do herói inimigo e aumente a nobreza e o valor de sua nação. Assim, oferece Jandira, a filha de Majé, que tem no seio os doces favos da abelha, levando-a pelo pulso ao prisioneiro e dizendo que Pojucã a recebesse como esposa do túmulo[133].

Jandira quis fugir; porém a mão de Ubirajara reteve-a. Este comunica que parte, mas que voltará para assistir ao suplício e vibrar o último golpe sobre Pojucã, para que este tenha a glória de morrer pela sua mão.

Depois da saída de Ubirajara, Jandira e Pojucã ficam a sós e conversam. Pojucã diz que o filho de seu sangue será o mais valente dos guerreiros e que Jandira sentirá orgulho por havê-lo gerado em seu seio. Jandira diz que nunca será esposa de Pojucã, porque ninguém manda no amor de Jandira. É noiva de Ubirajara, "e se ele não quiser aceitá-la, o guanumbi[134] a levará para os campos alegres onde repousam as virgens que morreram". Pojucã afirma não precisar do amor de Jandira, pois, entre os tocantins, a mais bela das virgens se regozijaria de pertencer-lhe e habitar sua rede. Mesmo entre os araguaias, não faltarão virgens formosas que desejem a glória de ser mãe de um filho de Pojucã.

Jandira deseja manter-se pura para desposar Ubirajara e prefere a morte por desobedecer ao chefe da tribo a aceitar Pojucã. Este manda que fuja da cólera dos anciões. Jandira decide partir, desejando uma esposa terna e uma morte gloriosa a Pojucã.

O conselho dos anciões já estava reunido, quando Ubirajara entra. Este comunica que "Pojucã, o chefe tocantim, pede a morte do combate; ele a merece, porque é um grande guerreiro e um varão ilustre. Ubirajara concedeu-lhe essa honra, como seu vencedor." Disse que era tempo de escolher para o prisioneiro uma esposa digna de acompanhar em seus últimos dias e de ser mãe do marabá, o filho da guerra. Todos querem oferecer uma filha ao prisioneiro, mas Ubirajara comunica que lhe destinou Jandira. Sua decisão foi aprovada pelos anciões. Ubirajara comunica que partirá, voltando para assistir ao suplicio de Pojucã.

A HOSPITALIDADE

"Na entrada do vale ergue-se a grande taba dos tocantins. É a hora em que as sombras abraçam os troncos das árvores e o sol descansa em meio da carreira.

A floresta emudece e todos os viventes se abrigam da calma que abrasa.

Ubirajara deixa o escuro da mata e caminha para a grande taba dos tocantins. Quando chega à distância do tiro de uma flecha despedida pelo mais robusto guerreiro, toca a inúbia."

Diante da resposta do guerreiro vigia, Ubirajara quebra a seta para simbolizar a paz e avança para a taba. Os guerreiros deixam passar o estrangeiro sem inquirir donde vem, nem o que o trouxe. "Era este o costume herdado de seus maiores; que o hóspede mandava na taba aonde Tupã o conduzia."

Ubirajara dirige-se para a cabana do grande chefe. As mulheres conduzem Ubirajara à presença de Itaquê, que tece uma rede, dando exemplo de trabalho aos membros da tribo. Ubirajara é recebido por Itaquê com grande cortesia. Este manda a mulher preparar o cachimbo do grande chefe, para que ele e o estrangeiro troquem a fumaça da hospitalidade. Todos os guerreiros encaminham-se para a oca principal, revestidos com seus ornatos de festa, para honrar o hóspede do grande chefe da nação tocantim.

Depois que fumam o cachimbo da paz, os cantores entoam a saudação da chegada: "O hóspede é mensageiro de Tupã. Ele traz a alegria à cabana; e quando parte, leva consigo a fama do guerreiro que teve a fortuna de o acolher (...) Bem-vindo seja o estrangeiro na cabana de Itaquê, o grande chefe da nação tocantim, que teve a glória de ser escolhido pelo hóspede."

Enquanto ressoa o canto da boa-vinda, Jacamim, esposa de Itaquê, chamou as amantes do marido para preparar o banquete da hospitalidade. Jacamim conduzira o hóspede à sombra da gameleira, onde o esperava o banquete da chegada. Itaquê senta-se ao lado de Ubirajara. Os guerreiros comem em silêncio. As mulheres servem o vinho de caju e ananás.

"Quando o hóspede, depois de satisfeito o apetite, lavou o rosto e as mãos, Jacamim ordenou às servas que recolhessem os restos das provisões, e retirou-se com elas." Os jovens guerreiros, que ainda não tinham voz no conselho, afastaram-se. "Só ficaram sentados com o hóspede, Itaquê, e os moacaras, senhores das cabanas." O cachimbo passou de mão em mão.

"Então disse o chefe: - Itaquê deseja dar a seu hóspede um nome que lhe agrade; e precisa que o ajude a sabedoria dos anciões"[135] O chefe que recebia o viajante em clima de paz, ainda que fosse um inimigo, escolhia o nome que ele devia usar enquanto permanecesse na cabana hospedeira. Ipê sugeriu que o chamassem de Jutaí, por cauda do cocar. Tapir sugeriu Boitatá, por causa dos olhos da grande serpente de fogo. Cada um falou, do mais moço ao mais velho. Caraúba, que era o segundo antes do chefe, disse Jutorib, o hóspede é o núncio da paz, porque ele trouxe a alegria à tua cabana. Guaribu falou por último:

"— O viajante é senhor na terra que ele pisa como hóspede e amigo; e o nome é a honra do varão ilustre, porque narra sua sabedoria. Pergunta ao estrangeiro como ele quer ser chamado na taba dos tocantins."

Itaquê aprovou as palavras prudentes do ancião e perguntou a Ubirajara que nome escolhia. Ubirajara respondeu que era aquele que veio trazido pela luz do céu: Jurandir.

"Nesse momento, Araci, a estrela do dia, apareceu por entre as palmeiras e caminhou para a cabana (...) A virgem reconheceu logo o caçador araguaia e adivinhou que ele viera à cabana de Itaquê para disputar sua beleza aos guerreiros tocantins." Seu coração encheu-se de alegria.

Ubirajara não queria ser reconhecido, por isso deixara o cocar das plumas da arara. A lei da hospitalidade proibia à virgem revelar o segredo do estrangeiro. Quando Araci chegou ao terreiro, os anciões se preparavam para ouvir a maranduba[136] do hóspede. Ubirajara contou sua história, terminando por sugerir metaforicamente que viera em busca de Araci, que a queria como esposa.

"Quando Jurandir proferiu as últimas palavras, seus olhos, que tinham muitas vezes buscado Araci, repousaram nela.

A virgem tocantim compreendeu que o estrangeiro se referia a si; e não escondeu sua alegria, como não esconde sua flor a juquiri que o rio beija.

A formosa caçadora cantou. Sua voz era límpida e sonora como o gorjeio do sabiá, quando se deleita com o calor do sol.

— Feliz a terra que recebe a semente do cedro frondoso e robusto; ela se cobrirá de sombra e frescura. Os guerreiros gostarão de reunir-se aí para falar da paz e da guerra (...)

Não é na terra das mulheres guerreiras que o estrangeiro deve buscar a esposa; mas na taba de sua nação, onde Tupã guarda para seu valor a mais bela das virgens, aquela que tem o sorriso de mel."

O hóspede responde que sabe "onde encontrará a virgem que deseja para esposa. A luz do céu o guia, e nada resiste à força de seu braço." Continuou sua história: contou "o que havia aprendido nas praias do mar, habitadas pela valente nação dos tupinambás, descendentes da mais antiga geração de Tupi. Os pajés dos tupinambás lhe disseram que nas águas do pará[137] sem fim vivia uma nação de guerreiros ferozes, filhos da grande serpente do mar.

Um dia esses guerreiros sairiam das águas para tomarem a terra às nações que a habitam; por isso os tupinambás tinham descido às praias do mar, para defendê-las contra o inimigo.

Os guerreiros do mar também tinham suas guerras entre si, como os guerreiros da terra. Então as águas pulavam mais altas do que os montes; seu estrondo era como o trovão.[138]

Jurandir contou mais, que nas praias do mar se encontrava uma resina amarela, muito cheirosa[139], a qual a grande serpente criava no bucho. Os tupinambás faziam dessa goma contas para seus colares. Jurandir mostrou a pulseira que lhe cingia o artelho, presente de um guerreiro daquela nação. Essas contas tornavam o pé do guerreiro ágil na corrida, e protegiam o viajante contra os caiporas da floresta, que apartavam-se de seu caminho.

Há muitas outras coisas referiu Jurandir; e os anciões admiravam-se de ver o juízo prudente de um abaré[140] no corpo jovem de tão forte guerreiro.

Os mais velhos dos moacaras acreditaram que o hóspede era filho de Sumé[141], mandado por seu pai correr as terras que o sábio tinha visto em sua mocidade."

O sol já descia quando terminou a festa da hospitalidade na cabana de Itaquê.

Os pescadores e caçadores vieram até o estrangeiro. Também vieram as mulheres sem maridos. "O rito da hospitalidade, entre os filhos da floresta, manda que se dê ao estrangeiro amigo tudo que deleita ao guerreiro." Por isso vieram as moças oferecer a Jurandir sua beleza, para que escolhesse uma companheira para partilhar a rede. Entretanto, Jurandir abandonava os olhos das moças que se mostravam ou cantavam para ele para buscar o rosto de Araci, que estava no meio do terreiro.

Jurandir disse que as moças tocantins eram formosas, mas que não viera à cabana de Itaquê para gozar do amor de uma noite. Ele veio "buscar a esposa que há de acompanhá-lo até à morte, e a virgem que escolheu para mãe de seus filhos.

Quando Araci ouviu estas palavras cobriu-se de sorrisos, como o guajeru[142] se cobre de suas flores alvas e perfumadas, com os orvalhos da manhã."

Jurandir voltou-se então para a virgem caçadora.

— Estrela do dia, Araci, conduze-me à presença de Itaquê. É tempo que ele saiba o segredo do estrangeiro.

— Os sonhos disseram a Araci, duas noites seguidas, que o jovem caçador chegaria à cabana de Itaquê; ela te esperou. Quando meus olhos te viram sentado entre os moacaras, logo conheceram que tu vinhas buscar a esposa.

O estrangeiro respondeu:

— Jurandir chegou à taba dos seus, e recebeu um nome de guerra e o grande arco de sua nação. Mas a cabana do chefe estava deserta; e sua rede não lhe guardou o sono tranqüilo do guerreiro. Ele ouviu tua voz que o chamava, virgem tocantim, e ergueu-se; tua luz o guiou, filha do sol, e o trouxe à tua presença."

SERVO DO AMOR

Jurandir disse a Itaquê que não viera à sua cabana para receber a hospitalidade, mas para servir ao pai de Araci, a formosa virgem, a quem escolheu para esposa. Pediu permissão para merecê-la por sua constância no trabalho e disputá-la aos outros guerreiros pela força de seu braço.

Itaquê respondeu que Araci era a filha de sua velhice e que o guerreiro que conquistasse uma esposa como Araci teria a glória de gerar seu valor no seio da virtude. Não podia desejar para seu hóspede maior alegria.

Desse momento em diante, Jurandir passou a pertencer à oca de Itaquê, trabalhando para o pai de sua noiva.

Jurandir tomou suas armas e desceu ao rio. "Jurandir não esperou que o peixe ferido desenrolasse toda a linha. Puxou-o para terra; e levou-o ainda vivo à cabana de Itaquê, onde três guerreiros custaram a deitá-lo no jirau."

"Jurandir partiu de novo e entrou na floresta. Ao longe reboavam os gritos dos caçadores que perseguiam a fera." Era um tapir. "O animal zombara dos caçadores e vinha rompendo a mata como a torrente do Xingu. Jurandir estendeu o braço e agarrou o velho tapir pelo pé. Voltou à cabana com a caça. "Nenhum dos guerreiros da taba, nem mesmo o velho Itaquê, pôde agüentar com as duas mãos a fera bravia." Jurandir obrigou o animal a agachar-se aos pés de Araci e disse: "— O braço de Jurandir fará cair assim, a teus pés, o guerreiro que ouse disputar ao seu amor a tua formosura, estrela do dia".

"Nunca a abundância reinara na cabana sempre farta do chefe dos tocantins, como depois que a ela chegara o estrangeiro." Jurandir era o maior caçador das florestas e o primeiro pescador. Soube de Araci qual era a caça e o peixe que Itaquê preferia e o mais saboroso. "Desde então nunca o velho chefe sentiu a falta do manjar predileto." Depois da caça e da pesca, Jurandir trabalhava nas roças de Itaquê.

Quando partia pela manhã, Araci o acompanhava de longe. O costume não consentia que a virgem desejada pelos servos do seu amor preferisse um guerreiro, antes de saber se ele a obteria por esposa. Mas Araci não queria pertencer a outro guerreiro. Voltava ao terreiro: "enquanto os outros guerreiros espreitavam sua vontade, ela tecia as franjas para a rede do casamento".

"Quando o sol chegava ao cimo dos montes, ouvia-se o canto de Jurandir que voltava da caça. A virgem, seguida pelos guerreiros, ia ao encontro do estrangeiro. Então desciam ao rio. Era a hora do banho. Araci cortava as ondas mais lindas que a garça cor-de-rosa; e os guerreiros a seguiam de perto, como um bando de galeirões." Mas nenhum podia alcançar a formosa virgem. "Uma vez a filha das águas soltou um grito e desapareceu no seio das ondas. Jacamim cuidou que o jacaré tinha arrebatado a filha de seu seio. Os guerreiros mergulharam pare salvá-la; mas não a encontraram. Todos a julgavam perdida, quando apareceu Jurandir que trazia nos braços o corpo da virgem formosa. Pisando em terra, ela correu para a cabana, onde foi esconder sua alegria."

A partir daí, era no banho que Araci recebia o abraço de Jurandir, sem que os outros suspeitassem da preferência dada ao estrangeiro. Encontravam-se no fundo do rio, enquanto durava a respiração.

"À tarde, voltando da caça, Jurandir viu na floresta um rastro, que ele conhecia." Depois do banho, os guerreiros partiram para a caça e para a pesca. Araci lembrou-se que Jurandir gostava da polpa do guaraná adoçada com o mel da abelha; e colheu os frutos encarnados [143]que pendiam dos ramos da trepadeira. Ouviu o barulho de uma arara e preparou-se com o arco para caçá-la. Tecia escondido um cocar para Jurandir. Quando ia disparar a seta, ouviu ao lado um rumor desusado. Jurandir estava perto dela e segurava o braço de uma mulher, que ainda tinha na mão a macana[144] afiada.

"Araci conheceu a virgem araguaia pela faixa de algodão entretecida de penas, que lhe apertava a curva da perna; e adivinhou que era Jandira, a noiva do guerreiro." Jurandir ameaçou matar aquela que quis matar a virgem que escolhera para esposa. Jandira disse que começara a morrer quando Ubirajara a abandonara e pediu que ele acabasse de matá-la para sua alma acompanhasse-o de dia na sombra das florestas e falasse de noite na voz dos sonhos.

Araci afirmou que a virgem que ameaçou sua vida, pertencia-lhe. Jurandir cortou uma comprida rama de imbé[145] e atou as mãos de Jandira, dizendo que Araci não devia dar liberdade à escrava porque ela tinha a astúcia da serpente e seu veneno.

"— Eu era a cobra-d'água, amiga do guerreiro, que habita sua cabana e a guarda contra o inimigo. Quem foi que me fez a cascavel venenosa, que traz nos lábios o sorriso da morte?"

"Jurandir não respondeu. Nesse momento ele teve saudade de sue cabana e lembrou-se do tempo em que, jovem caçador, seguia na floresta a formosa virgem araguaia."

As duas virgens ficaram sós. Jandira pensou que não podia dar a Ubirajara a formosura da filha de Itaquê. Araci receou que o amor do guerreiro se voltasse outra vez para a linda virgem araguaia. Jandira preparou-se para morrer à mão de sua rival. Preferia a morte ao suplício de contemplar sua beleza.

As duas começam a cantar. Uma cantou primeiro, depois a outra. Falavam do amor pelo guerreiro. Por fim, Araci disse: "tu serás irmã de Araci e lhe darás um filho de Jurandir, tão valente, como os que seu amor há de gerar no seio da esposa."

Jandira afastou os olhos da virgem para desviar dela sua ira e disse que a palavra dela doía como o espinho da juçara, que tem o coco mais doce que o mel. Pediu que a matasse ou deixasse que morresse para não ver mais a beleza e não ouvir o canto de alegria de Araci.

Araci desatou os pulsos de Jandira e disse que o amor do guerreiro não pertencia à mulher que seus olhos primeiro viram; mas àquela que ele escolheu. Mandou que Jandira apanhasse seu arco e morresse aquela que não soubesse defender seu amor e merecesse o esposo. Araci tirou da uiraçaba uma seta. Jandira ficou imóvel, com os pulsos cruzados, como se ainda estivessem presos. Rejeitou a liberdade dada por Araci e disse que Araci podia ser a preferida, mas não seria mais generosa do que a filha de Majé.

O COMBATE NUPCIAL

Finamente, chegou o dia em que os noivos de Araci deveriam disputar a posse da formosa virgem. Todos vieram para assistir ao combate. É a única das festas guerreiras em que se consente a presença das mulheres, porque se trata de sua glória. "Contemplando o esforço heróico dos mais nobres guerreiros para conquistar a formosura de uma virgem, as outras virgens aprendem a prezar a castidade, e as esposas se ufanam de guardar a fé no primeiro amor."

Itaquê preside ao combate. Os noivos usam um bracelete de contas verdes, que o guerreiro cinge ao pulso da esposa, quando rompe a liga da virgindade. Ali estão Pirajá, senhor dos peixes do rio; Uiraçu, que ataca como o gavião de penacho; Araribóia, a grande serpente das lagoas; Cauatá, o corredor das florestas; Cori, o altivo pinheiro; e tantos outros, ainda mancebos, e já guerreiros de fama. Destaca-se entre eles Jurandir.

Os tupis entoam o canto nupcial. Itaquê dá o sinal e o combate começa.

Pirajá é o primeiro que sai a campo e clama, esgrimindo o tacape:

"— Araci, estrela do dia, tu serás esposa do guerreiro Pirajá, que te vai conquistar pela força de seu braço."

Avança Uiraçu e diz que a virgem formosa ama ao guerreiro Uiraçu e há de pertencer-lhe.

A noiva canta: "- Araci ama o mais forte e mais valente. Ela pertencerá ao vencedor, que vencer a bravura dos outros guerreiros, como venceu a vontade da esposa."

No trancorrer da luta, Pirajá, ameaçado pelo bote do adversário, recua um passo do lugar em que se postara e perde o combate. Araribóia toma o seu lugar; e o combate prossegue até Cori que, expelindo o vencedor, mantém-se firme contra todos que vêm disputá-lo.

Falta Jurandir, que avança gravemente, dando ao vencedor de tantos combates, o tempo preciso para descansar. Diante do vencedor, levanta a voz e diz que para merecer Araci, a estrela do dia, Jurandir queria vencer a cem guerreiros, e não, combater um guerreiro fatigado. Atira para o adversário o próprio tacape, habituado a vencer; porque ele restituirá ao braço a força perdida. Usará apenas a mão para arrebatar as vitórias dele.

Cori, pensando que seu rival o atacava, desfecha-lhe o golpe. Mas Jurandir apara-o na mão firme e, arrebatando o tacape que o ameaça, arranca o guerreiro do chão. Jurandir fica só no campo. "Mas todos os noivos se haviam mostrado valentes guerreiros; talvez nas outras provas saíssem vencedores."

Os músicos tocam, enquanto os jovens caçadores trazem para o meio do campo a figura da noiva[146]. Era uma grossa tora de madeira, na qual a mão destra de um pajé entalhara, com o dente da cutia, a cabeça de uma mulher. Além do peso descomunal que exige três caçadores para conduzi-la até o local, o pajé esfrega banha de porco do mato para que escorregasse da mão do guerreiro.

Itaquê dá o sinal; e os guerreiros começam a nova prova, mais difícil que a primeira. Era preciso que o guerreiro, à disparada, levantasse do chão o toro de madeira e se defendesse dos rivais que o assaltavam para tomá-lo.

Na primeira corrida, Jurandir foi o mais rápido. A coragem e a destreza de Jurandir fizeram com que saísse triunfante da prova, chegando primeiro que os demais. De todos os guerreiros, só Cori e Uiraçu conseguiram ganhar a prova, mas sem a galhardia de Jurandir.

"Os três vencedores entraram de novo em campo para decidir entre si. O triunfo não se demorou. Jurandir os arrebatou, como o gavião arrebata a presa que disputam duas serpes[147]." Jurandir foi saudado como o vencedor.

"Quando voltou o silêncio, Ogib, o grande pajé dos tocantins, estava em pé no meio do campo." Disse que não bastava que o guerreiro fosse forte e valente, para merecer a esposa. Era preciso a constância do varão e que não se perturbasse com o sofrimento.

"O grande pajé levantou o tampo do camucim[148], e descobriu uma abertura, bastante para caber o punho do mais robusto guerreiro. Jurandir meteu a mão no vaso. O semblante sempre grave do guerreiro cobriu-se de um sorriso doce como da luz a alvorada; e seus olhos, mais contentes que dois saís[149], pousaram no rosto de Araci."

"O camucim da constância continha um formigueiro de saúvas, que o pajé havia fechado ali na última lua." As formigas vorazes picaram a mão de Jurandir, que não mostrava no semblante o mínimo gesto de sofrimento. Jurandir sorria. Cantou: "A dor é que fortalece o varão, assim como o fogo é que enrija o tronco da craúba, da qual o guerreiro fabrica o arco e o tacape..."

Os anciões sinalizaram para concluir a prova da constância; mas o guerreiro continuou o seu canto de amor. Foi preciso quebrar o camucim para que o Jurandir pudesse retirar a mão, de inflamada que ficara. O pajé esfregou na pele vermelha o suco de uma erva, e logo desapareceu a inchaço.

Faltava a última prova, chamada a prova da virgem, na qual a virgem mostrava seu agrado pelo vencedor ou livrava-se de quem não soubera ganhar-lhe o afeto.

Araci deixou a mãe e avançou até o meio do campo. O grande pajé colocou Jurandir na distância de uma muçurana[150], que cinge dez vezes a cintura do guerreiro. Quando foi dado o sinal, Araci correu, seguida por Jurandir. "Ele conhecia a velocidade do pé gentil de Araci, que zombava do salto do jaguar."

"Nem que pudesse alcançá-la, o guerreiro o tentaria; depois de vencedor, queria dever a esposa ao amor dela e não a seu esforço."

"Disputaria Araci não só a todos os guerreiros das nações, como a todas as nações das florestas; só à vontade da própria virgem não a disputaria, pois a queria rendida e não vencida."

Araci mostrou a todos que se quisesse fugir, Jurandir não a alcançaria e parou, ruborizada. Jurandir abriu os braços e recebeu a esposa que se entregava ao seu amor. Suspendeu a virgem formosa ao colo e levou-a à cabana do amor construída por ele à margem do rio.

Antes de entrarem na cabana, depois de terem conduzido os utensílios, Jurandir disse a Araci que "ela pertence ao grande chefe da nação araguaia. Ela teve a glória de vencer ao maior guerreiro das florestas. Ela será mãe dos filhos de Ubirajara; e terá por servas as virgens mais belas, filhas dos chefes poderosos."

"Araci também ficará mais formosa quando de seu sorriso saírem os frutos do amor: e quando o leite encher seus peitos mimosos, para que ela suspenda ao colo os filhos de Ubirajara."

Araci ouviu as palavras do guerreiro e ornou a fronte do esposo com o cocar de plumas vermelhas, que tecera em segredo. Depois, vestiu o aimará[151] mais alvo do que a pena da garça. "A túnica de algodão, entretecida de penas de beija-flor, desce das espáduas até a curva da perna, cingida pela liga da virgindade."

Quando passava entre os guerreiros que admiravam sua beleza, Araci não corava, porque sua castidade a vestia, como a flor à sapucaia. Mas agora, em presença do guerreiro a quem ama e para quem guardou sua virgindade, tem pejo, e esconde sua formosura às vistas de Ubirajara.

"— Os olhos do esposo são como o sol, disse o guerreiro; eles queimam a flor do corpo de Araci. Araci tem medo que os olhos do esposo não a achem digna de seu amor; e vestiu seus enfeites. Araci queria ser como a juriti, e ter no corpo uma penugem macia, que só a deixasse ver em sua formosura. Foi por isso que tua esposa se cobriu com o seu aimará. Os olhos de Ubirajara não lhe queimarão mais a flor de seu corpo."

O guerreiro respondeu: A flor do igapê é mais formosa quando abre, e se tinge de vermelho aos beijos do sol, do que fechada em botão e coberta de folhas verdes. Dito isto, Ubirajara tomou nos braços a esposa e pôs o pé na soleira da porta.

Nesse momento soou um clamor; chegaram os guerreiros que vinham chamar o vencedor à presença de Itaquê. O carbeto[152] dos anciões tinha decidido que o vencedor antes de receber a esposa, devia declarar quem era; pois fora recebido como estrangeiro, e ninguém na taba o conhecia.

A GUERRA

Itaquê esperava na cabana, cercado do carbeto dos anciões. Jurandir entrou. Araci ficou na porta, orgulhosa do esposo que a conquistara e da admiração que ele ia inspirar aos guerreiros da sua nação.

Itaquê falou: "Quando o estrangeiro chegou à cabana de Itaquê, ninguém lhe perguntou quem era e donde vinha. O hóspede é senhor. Mas agora o estrangeiro saiu vencedor do combate do casamento e conquistou uma esposa na taba dos tocantins. É preciso que ele se faça conhecer; porque a filha de Itaquê, o pai da nação dos tocantins, jamais entrará como esposa na taba, onde habite quem tenha ofendido a um só de seus guerreiros."

Jurandir apresentou-se como o chefe dos chefes da grande nação Araguaia, Ubirajara, o senhor da lança; e o maior guerreiro depois do grande Camacã, cujo sangue gerou-o. Depois contou seu combate com Pojucã, o combate, a festa do triunfo, até o momento em que deixou a taba dos araguaias. Disse que no seguinte sol partiria, para assistir ao combate da morte, como prometera ao prisioneiro.

Ninguém o interrompeu, mas Ubirajara ouviu um gemido, que rompera do seio de Araci.

Itaquê conta que é o pai de Pojucã e que tem na frente o matador de seu filho, que é seu hóspede. Itaquê não podia vingar a morte do filho por causa da lei da hospitalidade. Todos acreditavam que Pojucã tivesse seguido o caminho da guerra. "Mal sabiam que a essa hora esperava prisioneiro na taba dos araguaias o combate da morte."

Jacamim, a mãe de Pojucã, aproxima-se. O grande chefe ouve seu gemido, mas proíbe a esposa de chorar na presença do matador de seu filho. Jacamim obedeceu.

Ubirajara falou que venceu Pojucã em combate leal e que aceita o desafio de Itaquê e de todos os chefes tocantins.

Itaquê disse que ele era seu hóspede e que ninguém ofenderia o amigo de Tupã na taba de seus guerreiros. Mandou que partisse, pois quando a noite chegasse, mil guerreiros, mais velozes que o nandu[153], partiriam para levar a morte a Ubirajara.

Ubirajara tomou as armas e disse: " O hóspede vai deixar tua cabana, chefe dos tocantins; tu verás chegar o guerreiro inimigo.

Todos reuniram-se em torno de Ubirajara para assistirem à partida. Depois que saiu da taba, Ubirajara retrocedeu, apagando no chão o vestígio de seus passos.

A nação tocantim o observava imóvel.

Ubirajara "postou-se no centro da ocara e com o formidável tacape vibrou no largo escudo um golpe, que repercutiu pela taba como o estrondo da montanha".

"— O hóspede passou o limiar da cabana que o tinha acolhido, e apagou seu rastro na taba dos tocantins. Quem está aqui é um guerreiro armado, que pisa senhor a taba de seus inimigos. Itaquê, morubixaba[154] dos tocantins, Ubirajara, o senhor da lança, grande chefe dos araguaias, te envia a guerra na ponta de sua seta."

Itaquê viu a seta de Ubirajara cravada na figura do tucano, símbolo da nação tocantim. Então, mil arcos foram erguidos, mil tacapes brandiram. A voz possante de Itaquê abateu as armas de seus guerreiros.

"— A lei da hospitalidade é sagrada. A cólera do estrangeiro não deve perturbar a serenidade do varão tocantim." Depois, voltando-se para o inimigo, disse que aceitava a guerra que ele enviara. "Recebe em teu escudo o penhor do combate."

"A corda do grande arco da nação tocantim brandiu, e a seta de Itaquê mordeu o escudo de Ubirajara."

Itaquê mandou Ubirajara buscar seus guerreiros para combaterem à frente das nações.

Ubirajara afirma que combaterá até que lhe seja restituída a esposa, pois assim como conquistou-a a seus rivais, saberia conquistá-la a Itaquê e à sua nação.

Ubirajara partiu. No seio da floresta, encontrou Araci que o esperava. A formosa virgem fora à cabana do casamento buscar a rede nupcial e preparar-se para acompanhar o esposo. Ubirajara anunciou que partiria, mas que antes de cinco sóis estaria ali para conquistá-la e à sua nação.

Araci afirmou que o braço valente de Ubirajara já a conquistara. Pertencia a seu senhor e que ele deveria levá-la. Seguindo Ubirajara, unia-se para sempre a ele, esperando que o amor o movesse a salvar Pojucã.

Ubirajara pensou e depois disse que se tivesse rompido a liga de Araci, ela seria sua esposa; e ninguém a arrebataria de seus braços. Ela não podia abandonar a cabana onde nascera, sem a vontade de seu pai.

"Araci suspirou:

— Ubirajara vai deixar a lembrança de Araci nos campos dos tocantins. Jandira o espera na taba dos araguaias e lhe guarda o seu sorriso de mel."

Ubirajara afirmou que a luz dos olhos de Araci foi buscá-lo e que quando partiu, deu Jandira como esposa do túmulo para Pojucã. Depois de conversarem, Ubirajara disse que não deixaria a traição na terra hospedeira, já que Itaquê respeitou a lei da hospitalidade.[155]

A virgem emudeceu, pois sabia que a honra é a primeira lei do guerreiro.

"Antes de partir, o chefe consolou a esposa: Ubirajara vai pedir ao gavião suas asas para voltar ao seio de Araci. Ele virá à frente de sua nação, conduzido pela luz de teus olhos. As outras mulheres são o prêmio de um combate entre os servos de seu amor. Araci terá essa glória; que ela será o prêmio da maior guerra que já viram as florestas."

"O chefe araguaia pôs as mãos nos ombros de Araci; duas vezes uniu o seu ao rosto dela, por uma e outra face, para exprimir que nada os podia separar."

"Quando o guerreiro desapareceu na floresta, Araci caminhou para a cabana do esposo, que ficara triste e solitária."

"A virgem fechou a porta; sentou-se na soleira e cantou sua tristeza."

Dois dias depois, Ubirajara pisou os campos dos araguaias. Sua mão robusta, vibrando a clava, feriu o trocano[156].

"Com o primeiro raio do sol que subia o píncaro da serra, chegaram à grande taba os chefes das cem tabas araguaias, com todos os seus guerreiros, convocados à ocara da nação."

Ubirajara mandou que Pojucã viesse à sua presença:

"— Vê o mar de meus guerreiros que enche a terra, como as águas do grande rio quando alaga a várzea. Eles esperam o aceno de Ubirajara para inundarem teus campos. A nação tocantim carece neste momento do braço de seus maiores guerreiros; vai levar-lhe o socorro de teu valor, para que se aumente a glória de Ubirajara, seu vencedor."

Disse a Pojucã que ele era livre. Deveria partir e voar, pois a guerra dos araguaias seguia seus passos.[157]

O semblante do filho de Itaquê ficou sombrio: "- Pojucã é um chefe ilustre; não merece esta desonra. Tu lhe prometeste a morte dos bravos. Ele exige o combate."

Ubirajara contou a história da hospitalidade. Não sabia que Pojucã era filho de Itaquê, porque nunca pisaria como hóspede a cabana de um guerreiro, a quem tivesse decepado um filho. Era preciso que Pojucã recuperasse a liberdade, para que não se disesse que Ubirajara surpreendeu a hospitalidade do grande chefe dos tocantins.

Pojucã não respondeu, pois reconhecia que a honra do seu vencedor exigia sua volta à taba dos seus. Ouviu de Ubirajara que combateriam na guerra e que teria a chance de vencer Ubirajara.

Ubirajara acompanhou a partida de Pojucã e aproveitou para mandar dizer a Araci que seu esposo estava com ela.

Ubirajara desafiou o conselho dos abarés para obter a aprovação da guerra. Camacã tratou com os anciões acerca da defesa das tabas; e o grande chefe abriu o caminho da guerra.

"Quando Ubirajara desdobrou sua guerra pela margem do grande rio, ele viu que uma nação tapuia[158] preparava-se para assaltar a taba dos tocantins." O grande chefe tocou a inúbia, cuja voz chamava o jovem Murinhém, primeiro dos cantores araguaias. Este levou uma mensagem ao campo dos tapuias.

Murinhém apresentou-se em frente de Canicrã, chefe dos tapuias, dizendo que Ubirajara, o senhor da lança, da poderosa nação araguaia, mandava que encostassem o tacape da guerra. A nação tocantim aceitara a sua flecha de desafio, e Ubirajara não consentia que ninguém combatesse seu inimigo, antes de o ter vencido.

Canicrã mandou dizer a Ubirajara que viera trazido pela vingança. Pojucã penetrara em sua taba, incendiando a cabana do pajé, que fora devorado pelas chamas. Pediu que Ubirajara respondesse se podia sofrer tão dura afronta. Escutaria a voz da amizade de Ubirajara. Depois disso, o chefe tapuia arrancou o farpão de uma flecha e deu ao mensageiro a haste emplumada com as asas negras do anum, que era o emblema guerreiro de sua nação.

Murinhém seguiu depois à taba dos tocantins, levando também uma mensagem. Itaquê escutou o que lhe mandava Ubirajara e respondeu que Pojucã tinha levado a guerra à taba dos tapuias antes da seta de desafio de Ubirajara. Não podia recusar o combate. Se Ubirajara quisesse, ele combateria juntamente os dois inimigos.

O mensageiro tornou ao campo dos araguaias com as respostas dos dois chefes. Ubirajara ouviu e meditou.

"— Escuta a vontade de Ubirajara para levá-la aos inimigos. O grande chefe araguaia não roubará a Canicrã a glória da vingança; ele respeita a honra da nação tapuia, mas rejeita sua aliança. Restitui o penhor que recebeste.

— Itaquê pode aceitar o combate que Pojucã foi buscar; Ubirajara não ofende o nome de um guerreiro, ainda mais de um morubixaba, e do pai de Araci."

Ubirajara mandou dizer a Itaquê que desejava que a nação tocantim derrotasse aos tapuias, para ter ele a glória de vencer ao vencedor. Se Itaquê não pudesse repelir os tapuias, Ubirajara tomaria a si castigar os bárbaros; e depois de varrê-los das florestas, combateriam as duas nações. Se os tocantins necessitassem de aliados para resistir ao ímpeto dos araguaias, Ubirajara esperava que Itaquê os chamasse e que eles viriam.

"Murinhém falará assim a um e outro chefe; a ambos dirá que a cabana onde estiver Araci fica sob a guarda de Ubirajara; quem nela penetrar como inimigo, sofrerá a morte vil do covarde."

O guerreiro deixou a voz do chefe e falou com a voz de esposo:

— A Araci levarás o canto de amor de Ubirajara. Tu lhe dirás que arme a rede nupcial e não deixe nossa cabana, enquanto Ubirajara não a for buscar. Conta-lhe também que o canitar[159] que ela teceu, ainda não deixou a cabeça do seu guerreiro e há de acompanhá-lo sempre."

A BATALHA

Durante o combate, Itaquê e Canicrã enfrentam-se. Dez vezes tinham combatido; vencedores ambos, nenhum fora vencido. Não era possível quebrar a flecha da paz entre as duas nações enquanto um os dois vivesse.

Ubirajara, apoiado em seu grande arco, admirava de longe os dois guerreiros e pensava qual não seria o seu orgulho em vencê-los ambos.

Um rugido espantoso atroou pela campina, estremendo a batalha e rolando pelas profundezas da floresta. Vendo que o pai Canicrã estava em perigo, Pahã , a seta, ainda curumim[160], atirara duas setas certeiras que cegaram os olhos de Itaquê. Este, mesmo ferido, continuou o golpe que destruíra o escudo do inimigo, e partiu com os braços a cabeça de Canicrã.

Quando o sol entrou, não havia na campina a sombra de um tapuia.

Ubirajara lamentou que dos dois grandes guerreiros não restasse nenhum, para que ele o vencesse. Seus olhos descobriram Pahã, que fugia. Ergueu a mão, mas não chegou a retesar a seta, mandou chamar Tubim, um dos jovens caçadores, que tinham acompanhado a guerra para prover o alimento. Mandou Tubim tentar alcançar o curumim tapuia. Se o fizesse, daria a ele o nome de Abeguar, senhor do vôo. Na mesma noite, Tubim recebeu o nome de Abeguar, por ter preso o curumim tapuia.

Ao raiar da manhã, Murinhém foi à taba dos tocantins, com vinte guerreiros que conduziam o curumim. Ubirajara enviava a

Itaquê o resto da vingança. Pahã roubara sua vista e serviria de guia para o grande chefe. Pahã avançou e disse que não seria escravo, que morreria com Canicrã.

Itaquê pousou a palma da mão na cabeça do menino e libertou-o, mandando-o continuar a caçar ouriço. "Quando fores um guerreiro, acharás cem mancebos do sangue de Itaquê para castigarem tua audácia." Mandou recado através do cantor, dizendo que Tupã tirara a luz de seus olhos, mas aumentara a força de seu braço. "Ubirajara terá para combatê-lo um inimigo digno de seu valor."

Quando o cantor partia, chegaram à cabana de Itaquê os abarés da nação tocantim. Estavam preocupados, pois sabiam que Itaquê não teria condições de abrir o caminho da guerra. Itaquê pensava que só a morte tiraria o grande arco dos tocantins de suas mãos, depois que o recebera de seu pai Javari.

Guaribu sugeriu que se criasse um segundo arco, que estaria nas mãos do mais valente guerreiro, e que este abriria o caminho da guerra. Itaquê continuaria a governar a nação que defendeu com seu braço.

Itaquê comparou a divisão dos arcos a um forte jatobá dividido ao meio. O tronco é o chefe da nação; se ele se dividir, o jatobá não subirá às nuvens, nem terá forças para resistir ao tufão. Itaquê conclui que seu lugar é no conselho e manda convocar os guerreiros para que o mais forte e mais valente empunhasse o grande arco da nação tocantim.

"Os mais famosos guerreiros tocantins se apresentaram para disputar o grande arco; muitos conseguiram vergá-lo, mas a seta não partiu."

Itaquê mandou chamar Pojucã, mas este não conseguiu fazer zunir a corda como quando o vergava sua mão possante do chefe.

Pojucã depôs o arco-chefe aos pés de Itaquê e disse que mostrou que em suas veias corria o sangue generoso de Itaquê, mas que o grande arco pesava em sua mão. Pojucã afirmou que só havia um guerreiro na terra que o pudesse brandir como Itaquê, mas que esse não tinha na fronte o cocar das penas de tucano. Referia-se a Ubirajara.

"— Pojucã negou a Itaquê esta última consolação. O arco invencível do grande Tocantim, que foi o pai da nação, vai sair de sua geração. Tocantim o transmitiu a seu filho Javari, que me gerou; mas eu não soube gerar com seu sangue um guerreiro digno deles."

UNIÃO DOS ARCOS

Os tapuias voltaram; com eles vinha Agniná à frente de sua nação, para vingar a morte de Canicrã, seu irmão. Havia uma multidão de guerreiros. A sanha da vingança e a fama do chefe que a conduzia, tornava os tapuias ainda mais perigosos.

Faltava aos tocantins um líder que os conduzisse e o número de guerreiros igual aos inimigos. "A poderosa nação estava como o bando de caitetus[161] que perdeu o pai e desgarra-se pela floresta, correndo sem rumo."

Os abarés "não podiam inventar um guerreiro capaz de suceder a Itaquê; mas não se resignavam a abater a glória da nação, trocando o arco invencível do grande Tocantim por outro arco mais leve, que Pojucã manejasse." Pojucã recusou-se a empunhar outro arco menos glorioso do que o do grande Tocantim.

Todos se reuniram em torno do herói cego. Itaquê disse: "— A voz do coração diz ao neto de Tocantim que a glória da nação que ele gerou não se pode extinguir. O sangue de Itaquê, passando pelo seio de Araci, se unirá a outro sangue generoso para brotar maior e mais ilustre."

Mandou chamar Araci e pediu que todos o seguissem. Atravessou a taba, guiado por Araci, indo ter com Ubirajara.

Um mensageiro de Itaquê precedera-o no campo dos araguaias.

A alma de Ubirajara encheu-se da alegria ao ver Araci; mas ele retirou os olhos da esposa, para que o amor não perturbasse a serenidade do varão.

"— Ubirajara está em face de Itaquê; para combatê-lo, se trouxe a guerra; para abraçá-lo, se trouxe a paz."

Itaquê disse que pedira a paz ao inimigo que lhe trouxe a guerra, antes de vence-lo. Vinha trazer a vitória para que Ubirajara a repartisse com seu povo. Ubirajara levara a guerra à taba dos tocantins para conquistar Araci. Pelo heroísmo e pela nobreza de libertar Pojucã, merecia uma esposa do sangue de Tocantim.

"Mas desde que tu ameaçaste tomá-la pela força de teu braço, Itaquê não podia mais conceder-te a filha de sua velhice, senão depois que abatesse teu orgulho." Mandou, então, Ubirajara empunhar o arco de Itaquê, chefe dos araguaias, para que conquistasse pelo heroísmo uma esposa e uma nação.

"À esposa farás mãe de cem guerreiros como Itaquê; e à nação, conservarás a glória que ela conquistou quando o filho de Javari a conduziu à guerra."

"Tupã dará a teu braço esta força para que o sangue de Itaquê brote mais vigoroso e os netos de Tocantim dominem as florestas."

Ubirajara experimentou o arco dos tocantins e, antes que a seta tocasse o chão, disparou outra com o arco dos araguaias. A flecha araguaia também partiu e foi atravessar nos ares a outra que tornava à terra. "As duas setas desceram trespassadas uma pela outra como os braços do guerreiro quando se cruzam ao peito para exprimir a amizade."[162]

Ubirajara apanhou-as no ar.

"— Este é o emblema da união. Ubirajara fará a nacão tocantim tão poderosa como a nação araguaia. Ambas serão irmãs na glória e formarão uma só, que há de ser a grande nacão de Ubirajara, senhora dos rios, montes e florestas."

Ordenou que ligassem com o fio do crautá as hastes dos dois arcos. Depois que os arcos formaram só um, Ubirajara o empunhou na mão possante e mostrou-o às nações:

"— Abarés, chefes, moacaras e guerreiros de minhas nações, aqui está o arco de Ubirajara, o chefe dos grandes chefes. Suas flechas são gêmeas, como as duas nações, e voam juntas." "Ambas as cordas brandiram a um tempo. A seta araguaia e a seta tocantim partiram de novo como duas águias que par a par remontam às nuvens."

Depois, Ubirajara caminhou para a filha de Itaquê e disse esperar pela vontade dela. Araci rompeu "a liga vermelha que lhe cingia a perna e atou-a ao pulso de seu guerreiro. Ubirajara tomou a esposa aos ombros[163] e levou-a à cabana do casamento."

"O jasmineiro semeava de flores perfumadas a rede do amor."

Na manhã seguinte, os tapuias estenderam pela campina a multidão de seus guerreiros. Na frente, assomava Agniná. De um lado e do outro, seguiam-se os chefes, cada um à frente de seus guerreiros.

Ubirajara escolheu mil guerreiros araguaias e mil guerreiros tocantins, saindo ao encontro dos tapuias. Depois que desdobrou sua batalha pela campina, o chefe dos chefes caminhou só para o inimigo.

"Quando chegava a meio do campo, os tapuias levantaram a pocema[164] de guerra, que atroou os ares, como o estrépito da cachoeira.

Um turbilhão de setas crivou o longo escudo do herói, que ficou semelhante ao grosso tronco de juçara, eriçado de espinhos.

Ubirajara embraçou o escudo na altura do ombro, e com o pé brandiu sete vezes a corda do grande arco gêmeo.

As setas vermelhas e amarelas subiram direitas ao céu e perderam-se nas nuvens.

Quando voltaram, Agniná e os chefes que obedeciam a seu arco, tinham cada um fincado na cabeça o desafio do formidável guerreiro.

Enfurecidos mais pelo insulto do que pela dor, arremessaram-se contra o inimigo que os esperava coberto com seu vasto escudo.

Agniná era o primeiro na corrida e o primeiro na sanha. Após ele vinham os outros a dois e dois, lutando na rapidez."

Ubirajara empunhou a lança de duas pontas e soltou seu grito de guerra. "Seu pé devorou o espaço; e a lança de duas pontas girou em sua mão, como a serpente que enrosca-se nos ares, silvando."

Agniná caiu do primeiro bote; e depois dele caíram os dois chefes tapuias.

Ubirajara soltou seu grito de triunfo: "- Eu sou Ubirajara, o senhor da lança, o guerreiro invencível que tem por arma uma serpente. Eu sou Ubirajara, o senhor das nações, o chefe dos chefes, que varre a terra, como o vento do deserto."

O inimigo sumia na poeira. Ubirajara lançou-lhe seus guerreiros, que tinham fome de vingança; porém o terror de sua lança dava asas aos fugitivos.

"Desde esse dia nunca mais um tapuia pisou as margens do grande rio."

Ubirajara voltou à cabana, onde o esperava Araci, que despiu as armas de seu guerreiro, enxugou-lhe o corpo e cobriu-o do bálsamo fragrante da embaíba. Encheu depois de generoso cauim a taça vermelha feita do coco da sapucaia; e aplacou a sede do combate.

"Enquanto nas grandes tabas se preparava a festa do triunfo e o herói repousava na rede, Araci foi ao terreiro e voltou conduzindo Jandira pela mão.

— Jandira é irmã de Araci, tua esposa. Ubirajara é o chefe dos chefes, senhor do arco das duas nações. Ele deve repartir seu amor por elas, como repartiu a sua força.

A virgem araguaia pôs no guerreiro seus olhos de corça

— Jandira é serva de tua esposa; seu amor a obrigou a querer o que tu queres. Ela ficará em tua cabana para ensinar a tuas filhas como uma virgem araguaia ama seu guerreiro.

Ubirajara cingiu ao peito, com um e outro braço, a esposa e a virgem.

—Araci é a esposa do chefe tocantim; Jandira será esposa do chefe araguaia; ambas serão as mães dos filhos de Ubirajara, o chefe dos chefes, e o senhor das florestas."[165]

"As duas nações, dos araguaias e dos tocantins, formaram a grande nação dos Ubirajaras, que tomou o nome do herói.

Foi esta poderosa nação que dominou o deserto.

Mais tarde, quando vieram os caramurus[166], guerreiros do mar, ela campeava ainda nas margens do grande rio."

IV – SÍNTESE DO ENREDO

O guerreiro araguaia Jaguarê encontra-se com Araci, virgem da tribo dos tocantins. Jaguarê chega a correr atrás da virgem, mas não a consegue alcançar. Jaguarê precisa vencer um inimigo poderoso para tornar-se um grande guerreiro e ganhar outro nome. Por isso manda Araci chamar aqueles que disputam seu amor para um combate. Araci obedece.

Jaguarê luta contra Pojucã, chefe dos guerreiros tocantins. Depois de muitas horas de combate, consegue vencê-lo e levá-lo como prisioneiro até a tribo dos araguaias. Durante a festa da vitória, passa a ser chamado de Ubirajara, senhor da lança, e ganha do pai Camacã o arco de chefe da tribo dos araguaias.

Ubirajara havia escolhido Jandira como noiva, mas não consegue esquecer Araci, a quem vê num sonho. Pojucã sente-se traído por Ubirajara, que lhe prometera um combate para dar-lhe uma morte honrosa. Ubirajara resolve oferecer Jandira a Pojucã, como esposa da morte, e parte ao encontro de Araci. Antes de partir, Ubirajara promete que ao voltar lutará contra Pojucã, para tirar-lhe a vida. Jandira recusa o amor de Pojucã. A conselho deste, Jandira vai atrás de seu amado.

Ubirajara é recebido pelos tocantins com grande honra. Respeitando a lei da hospitalidade, ninguém lhe pergunta o nome. Passa a ser chamado de Jurandir. Este oferece-se para servir ao pai de Araci, Itaquê, para merecer-lhe a mão da filha. Itaquê sente-se honrado. Sem que os outros pretendentes percebam, Araci deixa clara sua preferência por Jurandir. Este chega a salvar Araci da vingança de Jandira, entregando esta como escrava de Araci, que acaba libertando a virgem araguaia, que se recusa a partir.

No dia do combate com os outros pretendentes de Araci, Jurandir vence todos e ganha o direito de ficar com Araci. Esta deixa-se alcançar por Jurandir, e os dois seguem para a cabana que ele construir para o casal. Jurandir é chamado pelo conselho antes que Araci lhe entregasse a pulseira vermelha de virgem, concretizando simbolicamente o casamento.

O conselho exige que ele fale seu nome verdadeiro e de onde viera. Jurandir conta que é Ubirajara, chefe dos araguaias, narrando ainda sua vitória sobre o forte Pojucã. Itaquê descobre que tem diante de si o matador de seu filho, já que não sabe que Pojucã ainda vive. Ubirajara recusa a fuga sugerida por Itaquê e desafia a tribo dos tocantins para uma guerra. Depois parte para reunir seus guerreiros. Uma vez na tribo, liberta Pojucã, para que ajude sua tribo na luta que se seguirá e quando terá oportunidade de morrer com honra pela mão de Ubirajara.

Ubirajara volta com seus guerreiros para combater os tocantins, mas descobre que estes deveriam lutar antes contra os terríveis tapuias, chefiados por Canicrã. Espera pelo resultado da batalha para enfrentar Itaquê e seus guerreiros. Durante a luta entre Itaquê e Canicrã, Pahã, filho do tapuia, cega Itaquê. Este mata Canicrã esmagando-lhe o crânio. Pahã foge, mas é capturado por Tubim e entregue a Itaquê, que acaba soltando o menino.

Quando tudo parece pronto para o combate entre os araguaias e os tocantins, os tapuias voltam, agora chefiados por Agniná, irmão de Canicrã. A cegueira de Itaquê impede-o de chefiar os tocantins. Nenhum guerreiro consegue fazer voar a seta no arco-chefe dos tocantins, nem mesmo Pojucã, que sugere que apenas Ubirajara poderia fazê-lo.

Itaquê segue com Araci e vários de seus chefes do conselho em busca de Ubirajara. Este experimenta o arco tocantim e consegue lançar a seta. Itaquê oferece a união entre as tribos e sua filha Araci. Ubirajara amarra os dois arcos e usa duas setas, unindo assim as tribos. Vence sozinho o inimigo, usando primeiramente a sua lança de duas pontas e depois os arcos unidos. Mata Agniná e outros chefes que vinham à frente. Os tapuias fogem apavorados, nunca mais aparecendo por aqueles campos.

Ubirajara segue com Araci para a cabana do amor. Esta entrega-lhe o bracelete de penas vermelhas. Depois faz entrar na cabana Jandira, dizendo a Ubirajara que a virgem araguaia será sua segunda esposa. Ubirajara recebe as duas num abraço, concretizando assim a união das duas tribos, que formarão a tribo dos ubirajaras.

V – ESTILO DE ÉPOCA E ESTILO INDIVIDUAL

Alencar não destoa do Romantismo em voga, como o faz Manuel Antônio de Almeida. A sua visão de mundo é baseada na emoção, e o mundo urbano, com seus problemas políticos e econômicos, o aborrece, por isso foge para o passado; escapa para os lugares selvagens. Suas obras procuram retratar um Brasil e personagens mais ideais do que reais, mais como ele gostaria que moralmente fossem (românticos e moralistas) do que objetivamente eram (realista). *O Guarani* é uma narrativa dinâmica que recria o período de colonização do Brasil e a aventura de povoar o interior.

A valorização da natureza é um dos pontos altos da literatura do período romântico, que se deixou influenciar pelo pensamento de Rosseau de que só o contato do homem com a natureza pode fazer com que ele retorne a seu estado original de pureza, corrompido pela sociedade. O resultado é a exaltação da cor local (regionalismo e nacionalismo) e da figura do índio ("o mito bom selvagem"). O cenário é exuberante e rico, reproduzido de forma minuciosa através do descritivismo pictórico. Essa atitude costuma ser chamada de nativismo ou naturismo. A natureza é a realização do pitoresco local, decorrendo daí uma atitude evidente de exaltação e valorização da pátria, tanto em Portugal como no Brasil. Como a primeira fase do Romantismo brasileiro é decorrência histórica da Independência (1822), o nacionalismo torna-se uma característica de extrema importância. É desse nacionalismo que nasce *O Guarani.*

É preciso que percebamos a maneira com que a natureza se apresenta nos textos românticos. Ela tem uma presença forte, é viva e dinâmica, participando da ação. Basta lembrarmos, como exemplo, a violência do mar, durante o delírio febril de Simão, protagonista de *Amor de Perdição*, seguida de uma repentina calmaria logo que o rapaz morre.

Destaquemos algumas das características que marcam a obra de Alencar:

1. Luta pela criação de uma língua literária brasileira, incorporando falas regionais e expressões indígenas.
2. Através de sua obra indianista, regionalista e histórica, Alencar pretendeu criar um sentimento de identidade nacional, demonstrando clara consciência dos valores pátrios.
3. Seus romances são marcados por forte moralismo, daí a ausência de sexualismo explícito em suas obras.
4. Linguagem rica e colorida, carregada de adjetivação, descritivismo e musicalidade, aproximando-se inclusive da poesia (Iracema).
5. Destacou-se nos quatro tipos do romance romântico, tendo sido o criador do romance indianista.
6. Suas personagens são idealizadas, bem como seus cenários, também marcados pela exuberância e pelo exotismo.

VI – ESTRUTURA DA OBRA

Ubirajara apresenta nove capítulos, precedidos de uma "Advertência" do autor (transcrita no início desse trabalho) e seguido de notas do autor sobre vocabulário e informações minuciosas sobre a cultura indígena.

A ação é dinâmica e o enredo orgânico e cronológico.

A) Foco Narrativo: O romance é narrado em terceira pessoa por um narrador onisciente, ou seja, que tudo sabe sobre as personagens, penetrando em seus pensamentos e em sua alma. Como nas obras anteriores de tendência indianista, o tom quase poético dessa narrativa decorre da profunda ligação das personagens com o cenário exuberante que as cerca. Apesar de sua posição aparentemente distanciada, o narrador deixa-se envolver pela beleza local, emocionando-se razoavelmente ao descrever os atos de heroísmo de Ubirajara.

B) Tempo: A história passa-se no período pré-cabralino, ou seja, anterior ao descobrimento em 1500. Entretanto, o narrador onisciente parece antecipar com algumas referências a chegada dos portugueses.

C) Espaço: O enredo passa-se na região próxima ao rio Tocantins. Havendo inclusive referência à região próxima da confluência do Araguaia.

D) Personagens: As personagens do romance não apresentam densidade psicológica, são normalmente personagens planas, verdadeiras alegorias do caráter, da honestidade, coragem e heroísmo, como Ubirajara.

1) **Ubirajara:** Inicialmente, é chamado de Jaguarê, o que o compara à força e ferocidade do jaguar, mas depois de vencer Pojucã em combate, passa a ser chamado de Ubirajara, o senhor da lança, por causa de uma lança de duas pontas que ele mesmo fez e com a qual costuma combater. Ubirajara torna-se o chefe da nação araguaia, que depois passa a ser conhecida como ubirajara, por causa da união com os tocantins sob a liderança de Ubirajara. Ele simboliza a força, a honestidade, a fidelidade e o heroísmo no romance. Sua força descomunal diferencia-o dos demais guerreiros. Seu amor por Araci, faz com que se entregue à guerra contra Itaquê e os tocantins. Simboliza, ainda, a união dos tocantins com os araguaias.

2) **Araci:** Seu nome significa grande estrela, como eram chamadas as Plêiades. É uma virgem da tribo dos tocantins, última filha do chefe Itaquê e irmã de Pojucã. Sua graça e beleza não impedem que saiba manejar com destreza o arco e a flecha e corra como uma corça. Mais uma vez a personagem reveste-se da simbologia da natureza. Torna-se a esposa de Ubirajara.

3) **Jandira:** É uma bela virgem da tribo dos araguaias, filha de Majé. Foi inicialmente escolhida por Ubirajara, quando ainda

era Jaguarê, para tornar-se sua esposa. Apaixonada por Ubirajara, recusa servir de esposa da morte para Pojucã, preferindo fugir. Tenta matar Araci para ter de volta seu amado. Termina como segunda esposa do chefe guerreiro. Seu nome designa abelha.

4) **Itaquê:** Pai de Araci e de Pojucã, é o chefe da tribo dos tocantins. Simboliza a honestidade e o respeito às normas de sua cultura. Apesar de ofendido por Ubirajara, respeita a lei da hospitalidade.

5) **Pojucã:** Irmão de Araci, seu nome significa matador de gente. É o guerreiro chefe da nação tocantim. Quase tão forte quanto Ubirajara, Pojucã é vencido pelo araguaia.

6) **Camacã:** Antigo chefe dos araguaias, pai de Ubirajara, tornou-se o chefe do conselho depois de entregar o arco-chefe para o filho.

7) **Canicrã:** Chefe dos tapuias, velho inimigo de Itaquê.

Outras personagens: Murinhém (cantor da tribo araguaia), Agniná (chefe tapuia, feroz irmão de Canicrã), Pahã (curumim, filho de Canicrã, usa setas de ouriço para cegar Itaquê), Tubim (jovem caçador araguaia, que ganhou o nome de Abeguar, senhor do vôo, depois de alcançar Pahã).

VII – PROBLEMÁTICA E PRINCIPAIS TEMAS

A presente obra é classificada de indianista. Entretanto, cabe lembrar que a obra não se prende à mera caracterização enquanto romance. Alencar não se prende a elementos históricos puros nem tampouco a descrições fiéis de cenário. A valorização da linguagem é um ponto mais importante do que referências históricas ou geográficas. Alencar valoriza a língua falada no Brasil, incorporando expressões indígenas e regionais. Essa linguagem cultua ainda o elemento poético. Presente este principalmente nas falas de Ubirajara, Araci e Jandira, que se comunicam várias vezes metaforicamente, utilizando referências da natureza que os rodeia. Essa maneira de falar ultrapassa qualquer realismo indígena, criando forte elemento idealizado, característica típica do autor e que denota falta de verossimilhança. Os críticos de Alencar costumam sempre utilizar essa idéia de que nenhum índio falaria com tanta correção e sentido poético.

A natureza é um forte traço do descritivismo alencariano, farto em adjetivações em seu desejo de criar um romance nacional de valorização de uma pátria e cultura em construção. A caracterização minuciosa dessa natureza seria fruto de uma busca de identidade e afirmação nacional, contrapondo-se ao cenário europeu. Em Ubirajara, esse descritivismo é bem menos monótono do que nos demais romances indianistas do autor. Sem dúvida, nesse romance Alencar privilegia a ação em detrimento do cenário.

O caráter simbólico da presente obra, como já afirmamos na introdução, revela-se no contato entre Ubirajara, Araci e Jandira. Ubirajara une-se a Araci, aceitando-a definitivamente como esposa. Esta, por sua vez, faz Jurandir aceitar Jandira, sua primeira noiva e pertencente a sua tribo, como amante. Essa aceitação de Jandira coloca-a na posição de segunda mulher, a quem cabe gerar filhos que são considerados na cultura indígena filhos da esposa legítima. Caberá também a Jandira obedecer a esposa de Ubirajara e cuidar das tarefas que esta determinar.

Outro aspecto que não nos cansamos de mencionar é a idealização realizada através de Ubirajara, cuja bravura, honestidade e caráter ultrapassa o limite do aceitável, do verossímil, ainda que tantos estudos mais recentes comprovem que o índio aprendeu a traição e covardia com o colonizador. Um bom exemplo do respeito à tradição cultural é o capítulo "A Guerra", no qual Ubirajara respeita a luta entre os tocantins e os tapuias, porque estes foram desafiados anteriormente por um guerreiro tocantim. Essa idealização pode ser analisada melhor nas sábias palavras de Nelson Werneck Sodré: "... o índio não era assim como o que representavam os escritores, não falava assim, não procedia assim, representa uma derivação do tema, sem nenhum traço de objetividade. O índio literário dos romances é o descendente, em linha direta, do índio social e individualmente bom, dotado de bondade natural, a criatura que fascinou os elementos intelectuais da larga fase de ascensão burguesa, dos viajantes e utopistas aos enciclopedistas."

Sem dúvida, apesar da idealização exagerada da figura do selvagem, esse romance deve agradar boa parte dos leitores. Não haverá a mesma idolatria dos leitores do período romântico, porque o tema não é novo e porque sabemos hoje que nem sequer é exclusivamente nacional, mas porque o indianismo foi um exemplo expressivo, talvez o mais expressivo de uma manifestação típica do pensamento nacional.

O CRIME DO PADRE AMARO
DE EÇA DE QUEIRÓS

A edição utilizada e recomendada para leitura é a 12ª ed., São Paulo, Ática, 1998.

I – BIOGRAFIA E BIBLIOGRAFIA

José Maria Eça de Queirós nasceu a 25 de novembro de 1845, em Póvoa de Varzim, Portugal. Não passou a infância com os pais. Até os cinco anos foi cuidado por uma ama e, depois, mudou-se para a casa dos avós paternos. Com a morte da avó em 1855, foi matriculado no Colégio da Lapa, na cidade do Porto, em regime de internato. Em 1861, iniciou seus estudos de Direito na Universidade de Coimbra. Em 1865, ocorreu a famosa Questão Coimbrã, da qual, entretanto, Eça de Queirós não participou. No ano seguinte, concluiu seu curso, deixando Coimbra. Em 1869, vamos encontrá-lo em Lisboa, participando do Cenáculo junto a outros escritores realistas e ao qual se integrará o poeta Antero de Quental no ano seguinte. Ainda em 1869, visitou o Canal de Suez para uma reportagem. Durante as Conferências Democráticas do Cassino Lisbonense (1871), palestrou sobre o Realismo (A Nova Literatura ou O Realismo como Nova Expressão da Arte), antes que as mesmas fossem proibidas. Nesse mesmo ano, foi administrador do Concelho em Leiria.

Finalmente, em 1872, depois de ter sido preterido num concurso para cônsul de Portugal no Brasil, Eça foi nomeado para Havana. Entre 1874 e 1878, serviu como em Bristol, Inglaterra, tendo sido depois transferido para Paris.

A vida de Eça, entretanto, não se resumiu a datas e espaços físicos variados. Entre tantas mudanças, surgiram obras literárias, um casamento e quatro filhos. Mas não devemos nos esquecer que sua vida não foi fácil. Passou sempre por muitos apertos financeiros, que obrigaram o escritor a produzir obras menores para saciar a ambição dos agiotas e dos banqueiros. Também o tormento da doença não o deixou em paz. Eça sofria de enterocolite aguda, o que causava insuportáveis cólicas, levando-o mesmo a mudanças de ares para acalmar seus intestinos. Entre problemas com a saúde e a dos filhos, houve muito trabalho, correções de provas de livros, páginas e páginas de manuscritos entregues apressadamente aos editores e também tarefas diplomáticas. Tanta ocupação e sofrimento não impediram o artista do prazer das viagens com seus familiares ou das reuniões com os amigos do grupo "os vencidos da vida". O grupo era formado pelos mesmos companheiros do Cenáculo da juventude: Ramalho Ortigão, Antero de Quental, Teófilo Braga e tantos outros.

Enfim, no dia 16 de agosto de 1900, uma quinta-feira, às quatro e trinta e cinco minutos da tarde, Eça de Queirós faleceu em Paris.

OBRAS:

A) PRIMEIRA FASE: *Prosas Bárbaras* ( ), *O Mistério da Estrada de Sintra* ( ).

B) SEGUNDA FASE: *O Crime do Padre Amaro* (1875), *O Primo Basílio* (1878), *O Mandarim* (1879), *A Relíquia* (1887) e *Os Maias* (1888).

C) TERCEIRA FASE: *A Ilustre Casa de Ramires* (1900), *A Correspondência de Fradique Mendes* (1900), *A Cidade e as Serras* (1901), *A Capital* (1925), *O Conde d'Abranhos* (1925).

II – INTRODUÇÃO

O Crime do Padre Amaro inicia a segunda fase da obra de Eça de Queirós, cujo objetivo central foi atacar a burguesia através de críticas mordazes e da ironia corrosiva que, aliás, marca seu estilo. Daí decorrem as sátiras destrutivas e a mordacidade com que Eça esmiúça a sociedade portuguesa, desvendando seus defeitos e vícios. Tais ataques ferinos não foram gratuitos ou esporádicos, mas resultados conscientes de um objetivo político-literário, já que a geração realista portuguesa valorizava os ideais socialistas.

Em *O Crime do Padre Amaro*, encontramos críticas a uma sociedade marcada pela beatice e também pela devassidão do clero lusitano. Assim, as personagens que representam tais valores não passam de alegorias morais, destituídas que estão de psicologismos e individualidades. O que Eça pretende é representar não o indivíduo mas o grupo, herança mais que evidente das análises naturalistas. De modo geral, a crítica dirige-se a toda a burguesia de Leiria, marcada esta pela ociosidade, futilidade, falso moralismo, hipocrisia e arrogância que o poder do dinheiro parece criar em certos indivíduos.

O Crime do Padre Amaro é um ataque à devassidão do clero, representada de maneira às vezes caricatural no padre Amaro ou no cônego Dias, ou mesmo nos demais membros da cúria de Leiria, onde se passa a obra. A hipocrisia do protagonista Amaro chega aos limites do desplante, uma vez que não encontramos nele qualquer resíduo moral genuíno para ocultar seus verdadeiros sentimentos. Não há qualquer decência em seus atos, chegando mesmo a fingir-se de santo para obter resultados que facilitem seu acesso a Amélia ou aos seus encontros com a moça. Se em algum momento encontramos qualquer drama de consciência na personagem principal, tudo não passa de um resíduo do passado de menino pobre ou apenas verdadeiro medo de perder a boa vida que levava em Leiria. O medo do escândalo é maior do que qualquer temor aos dogmas apreendidos pelos estudos no seminário e na vida religiosa. Assim, a luxúria sobrepõe-se a qualquer vocação mística. A intenção sempre clara de Amaro é obter o máximo de todos aqueles que o admiram. Mesmo Amélia, que tem por ele mais do que um sentimento amoroso, mas verdadeira adoração, serve a seus propósitos libidinosos, tornando-se verdadeiro estorvo quando anuncia a gravidez. A falta de escrúpulos do protagonista é a resultante final dessa trajetória de descaso para com todos que o cercam. A justificativa para tal descalabro é o comportamento imoral do cônego Dias, que apóia Amaro para encontrar neste o silêncio sobre seus próprios atos de devassidão.

Sem dúvida, Eça de Queirós consegue nesse romance um retrato moral (ou imoral) do clero de Leiria, por extensão lusitano, fazendo uma caricatura de forma mais do que evidente do comportamento de todo o clero português e atingindo o objetivo anticlerical da geração de 70 em Portugal.

III – RESUMO DA OBRA

Simplesmente resumir sem respeitar a qualidade da obra original de Eça de Queirós seria um crime. Por isso julgamos que a melhor atitude nesse caso seria manter partes da obra original, diálogos, algumas descrições e vários trechos dos capítulos para que o leitor possa ter um contato mais amplo com *O Crime do Padre Amaro*. Nesse caso, transcrevemos também o prefácio da terceira edição em que o próprio autor justifica a acusação injusta de estar plagiando *La Faute de L'Abbé Mouret* de Emile Zola[167].

PREFÁCIO DA TERCEIRA EDIÇÃO

O Crime do Padre Amaro recebeu no Brasil e em Portugal alguma atenção da Crítica, quando foi publicado ulteriormente um romance intitulado - O Primo Basílio. E no Brasil e em Portugal escreveu-se (sem todavia se aduzir nenhuma prova efetiva) que O Crime do Padre Amaro era uma imitação do romance do Sr. E. Zola - La Faute de L'Abbé Mouret; ou que este livro do autor do Assomoir e de outros magistrais estudos sociais sugerira a idéia, os personagens, a intenção de O Crime do Padre Amaro.

Eu tenho algumas razões para crer que isto não é correto. O Crime do Padre Amaro foi escrito em 1871, lido a alguns amigos em 1872, e publicado em 1874 [sic]. O livro do Sr. Zola, La Faute de L'Abbé Mouret (que é o quinto volume da série Rougon Macquart), foi escrito e publicado em 1875.

Mas (ainda que isto pareça sobrenatural) eu considero esta razão apenas como subalterna e insuficiente. Eu podia, enfim, ter penetrado no cérebro, no pensamento do Sr. Zola, e ter avistado, entre as formas ainda indecisas das suas criações futuras, a figura do abade Mouret, - exatamente como o venerável Anquises no vale dos Elísios podia ver, entre as sombras das raças vindouras flutuando na névoa luminosa do Lete, aquele que um dia devia ser Marcelo. Tais coisas são possíveis. Nem o homem prudente as deve considerar mais extraordinárias que o carro de fogo que arrebatou Elias aos Céus - e outros prodígios provados.

O que, segundo penso, mostra melhor que a acusação carece de exatidão, é a simples comparação dos dois romances. La Faute de L'Abbé Mouret é, no seu episódio central, o quadro alegórico da iniciação do primeiro homem e da primeira mulher no amor. O abade Mouret (Sérgio), tendo sido atacado duma febre cerebral, trazida principalmente pela sua exaltação mística no culto da Virgem, na solidão de um vale abrasado da Provença (primeira parte do livro), é levado para convalescer ao Paradou, antigo parque do século XVII a que o abandono refez uma virgindade selvagem, e que é a representação alegórica do Paraíso. Aí, tendo perdido na febre a consciência de si mesmo a ponto de se esquecer do seu sacerdócio e da existência da aldeia, e a consciência do universo a ponto de ter medo do Sol e das árvores do Paradou como de monstros estranhos - erra, durante meses, pelas profundidades do bosque inculto, com Albina que é o gênio, a Eva desse lugar de legenda; Albina e Sérgio, seminus como no Paraíso, procuram sem cessar, por um instinto que os impele, urna árvore misteriosa, da rama da qual cai a influência afrodisíaca da matéria procriadora; sob este símbolo da Árvore da Ciência se possuem, depois de dias angustiosos em que tentam descobrir, na sua inocência paradisíaca, o meio físico de realizar o amor; depois, numa mútua vergonha súbita, notando a sua nudez, cobrem-se de folhagens; e dai os expulsa, os arranca o padre Arcangias, que é a personificação teocrática do antigo Arcanjo. Na última parte do livro o abade Mouret recupera a consciência de si mesmo, subtrai-se á influência dissolvente da adoração da Virgem, obtém por um esforço da oração e um privilégio da graça a extinção da sua virilidade, e torna-se um asceta sem nada de humano, uma sombra caída aos pés da cruz; e, é sem que lhe mude a cor do rosto que asperge e responsa o esquife de Albina, que se asfixiou no Paradou sob um montão de flores de perfumes fortes.

Os críticos inteligentes que acusaram O Crime do Padre Amaro de ser apenas uma imitação da Faute de L'Abbé Mouret não tinham infelizmente lido o romance maravilhoso do Sr. Zola, foi talvez a origem de toda a sua glória. A semelhança casual dos dois títulos induziu-os em erro.

Com conhecimento dos dois livros, só uma obtusidade córnea ou má-fé cínica poderia assemelhar esta bela alegoria idílica, a que está misturado o patético drama duma alma mística, a'O Crime do Padre Amaro que, como podem ver neste novo trabalho, é apenas, no fundo, uma intriga de clérigos e de beatas tramada e murmurada à sombra duma velha Sé de província portuguesa.

Aproveito este momento para agradecer à Crítica do Brasil e de Portugal a atenção que ela tem dado aos meus trabalhos.

Bristol, 1 de Janeiro de 1880.

Eça de Queíroz

I "Foi no domingo de Páscoa que se soube em Leiria, que o pároco da Sé, José Miguéis, tinha morrido de madrugada com uma apoplexia. O pároco era um homem sangüíneo e nutrido, que passava entre o clero diocesano pelo comilão dos comilões. Contavam-se histórias singulares da sua voracidade. O Carlos da Botica - que o detestava - costumava dizer, sempre que o via sair depois da sesta, com a face afogueada de sangue, muito enfartado:

— Lá vai a jibóia esmoer[168]. Um dia estoura!

Com efeito, estourou, depois de uma ceia de peixe - à hora em que defronte, na casa do doutor Godinho que fazia anos, se polcava[169] com alarido. Ninguém o lamentou, e foi pouca gente ao seu enterro. Em geral não era estimado. Era um aldeão; tinha os modos e os pulsos de um cavador[170], a voz rouca, cabelos nos ouvidos, palavras muito rudes.

Nunca fora querido das devotas; arrotava no confessionário, e, tendo vivido sempre em freguesias da aldeia ou da serra, não compreendia certas sensibilidades requintadas da devoção: perdera por isso, logo ao princípio, quase todas as confessadas, que tinham passado para o polido padre Gusmão, tão cheio de lábia!

E quando as beatas, que lhe eram fiéis, lhe iam falar de escrúpulos de visões, José Miguéis escandalizava-as, rosnando:

— Ora histórias, santinha! Peça juízo a Deus! Mais miolo na bola!

As exagerações dos jejuns sobretudo irritavam-no:

— Coma-lhe e beba-lhe, costumava gritar, coma-lhe e beba-lhe, criatura!

Era miguelista[171] - e os partidos liberais, as suas opiniões, os seus jornais enchiam-no duma cólera irracionável:

— Cacete! cacete! exclamava, meneando o seu enorme guarda-sol vermelho."

Sua vida sedentária e isolada, com uma criada velha e um cão, o Joli, fazia com que tivesse por amigo apenas o Valadares, que governava então o bispado, porque o bispo D. Joaquim sofria há dois anos de reumatismo. José Miguéis tinha grande respeito pelo Valadares. Este chamava o pároco de Frei Hércules. Hércules pela força e frei pela gula. Coube a Valadares aspergir a terra no túmulo do amigo. Ironicamente, disse aos outros cônegos que era a última pitada de rapé que lhe dava, já que o fazia diariamente, o que causou muito riso.

Dias depois do enterro, o Joli apareceu errando pela Praça, O cão foi abandonado depois da criada entrar com sezões no hospital. A casa fora fechada. Com fome, o cão seguia qualquer padre, ganindo baixo. Mas ninguém queria o infeliz. "Uma manhã apareceu morto ao pé da Misericórdia; a carroça do estrume levou-o e, como ninguém tornou a ver o cão, na Praça, o pároco José Miguéis foi definitivamente esquecido."[172]

Dois meses depois, estava nomeado outro pároco: Amaro Vieira, nomeado por influências políticas, já que era muito novo. O jornal de Leiria, A Voz do Distrito falou sobre o favoritismo da corte e na reação clerical, o que desagradou alguns padres e gerou comentários diante do chantre[173] Valadares.

"— Não, não, lá que há favor, há; e que o homem tem padrinhos, tem — disse o chantre. — A mim quem me escreveu para a confirmação foi o Brito Correia (Brito Correia era então ministro da Justiça). Até me diz na carta que o pároco é um belo rapagão. De sorte que - acrescentou sorrindo com satisfação — depois de Frei Hércules vamos talvez ter Frei Apolo."[174]

Em Leiria, só o cônego Dias conhecia o jovem padre, pois foi seu mestre de Moral no seminário. "O cônego Dias era muito conhecido em Leiria." Meio gorducho, com a cabecinha grisalha, olheiras papudas, beiço espesso que fazia lembrar as "anedotas de frades lascivos e glutões". O tio Patrício via no maroto uma semelhança muito grande com D. João VI.

"O cônego vivia só com uma irmã velha, a Sra. D. Josefa Dias, e uma criada, que todos conheciam também em Leiria, sempre na rua, entrouxada num xale tingido de negro, e arrastando pesadamente as suas chinelas de ourelo. O cônego Dias passava por ser rico; trazia ao pé de Leiria propriedades arrendadas, dava jantares com peru, e tinha reputação o seu vinho duque de 1815. Mas o fato saliente da sua vida - o fato comentado e murmurado - era a sua antiga amizade com a Sra. Augusta Caminha, a quem chamavam a S. Joaneira, por ser natural de S. João da Foz. A S. Joaneira morava na Rua da Misericórdia, e recebia hóspedes. Tinha uma filha, a Ameliazinha, rapariga de vinte e três anos, bonita, forte, muito desejada."[175]

O cônego Dias ficou muito contente com a nomeação de Amaro.

Numa tarde de agosto, perto da Ponte Nova, caminhava o cônego enquanto consultava o padre-mestre Mendes sobre sua idéia de instalar o padre Amaro na casa da S. Joaneira. O cônego Dias contava com isso ajudar a amiga a obter seis tostões por dia. Mendes preocupou-se com a Ameliazinha, por causa das "línguas do mundo", e não via com bons olhos o fato do jovem padre estar instalado na casa da Joaneira

Os dois conversaram, indicando o relacionamento do cônego Dias com a S. Joaneira: "— Faço o que posso, meu caro amigo, faço o que posso, disse o cônego. E com uma entonação terna, risonhamente paternal: — que ela é merecedora! é merecedora. Boa até ali, meu amigo! — Parou, esgazeando os olhos: — Olhe que dia em que eu não lhe apareça pela manhã às nove em ponto, está num frenesi! Oh criatura! digo-lhe eu, a senhora rala-se sem razão. Mas então, é aquilo! Pois quando eu tive a cólica o ano passado! Emagreceu, Sr. Mendes! E depois não há lembrança que não tenha! Agora, pela matança do porco, o melhor do animal é para o padre santo, você sabe? é como ela me chama.(...)

O coadjutor escutava com a taciturnidade da inveja."

"— As línguas do mundo são venenosas, senhor cônego, disse o coadjutor com uma voz chorosa. E depois dum silêncio, acrescentou baixo: - Mas aquilo a vossa senhoria deve-lhe sair caro!

— Pois aí está, meu amigo! Imagine você que desde que o secretário-geral se foi embora a pobre da mulher tem tido a casa vazia: eu é que tenho dado para a panela, Mendes!"

O cônego Dias decide assim instalar o padre Amaro na casa da S. Joaneira, ainda comentando que era "uma pechincha para todos".[176]

COMENTÁRIOS: Nesse primeiro capítulo, narra-se a morte do padre José Miguéis, bem como a personalidade do pároco de Leiria, que servirá de contraponto com o padre Amaro. O cônego Dias fica à espera do substituto, um ex-aluno seu no seminário, o jovem padre Amaro, que fora nomeado para o lugar do falecido pároco por motivos políticos. O cônego Dias aproveita-se da situação para instalar o jovem padre na casa de sua amante, a S. Joaneira, evitando assim as despesas que vinha tendo com a amante. Destaca-se aqui a lascívia e a hipocrisia do cônego.

II Em fins de Agosto, quando já tinha anoitecido, o cônego Dias e o coadjutor Mendes esperavam pela diligência com o padre Amaro. Já era noite quando finalmente chegou o padre.

"— Oh, Amaro! gritou o cônego, que se tinha aproximado, oh ladrão![177]

— Oh, padre-mestre! disse o outro com alegria. E abraçaram-se, enquanto o coadjutor, todo curvado, tinha o barrete na mão."

O cônego Dias explicou o que arranjara e as condições para Amaro, ajudado por Mendes. Falou da proximidade da igreja e do fato da S. Joaneira ter uma filha de vinte e dois anos.

"A S. Joaneira esperava no alto da escada; uma criada, enfezada e sardenta, alumiava com um candeeiro de petróleo; e a figura da S. Joaneira destacava plenamente na luz sobre a parede caiada." Depois das honras, a S. Joaneira apresentou os aposentos do padre Amaro. Depois da saída da dona da casa, os dois padres conversaram. O cônego justificou que foi o que pudera arranjar. Amaro afirmou que estaria bem em qualquer lugar.

"Para o lado da Praça, então, sentiu-se o toque de cornetas.

— Que é aquilo? perguntou Amaro, indo à janela.

— As nove e meia, o toque de recolher.

Amaro abriu a vidraça. Ao fim da rua um candeeiro esmorecia. A noite estava muito negra. E havia sobre a cidade um silêncio côncavo, de abóbada.

Depois das cornetas, um rufar lento de tambores afastou-se para o lado do quartel; por baixo da janela um soldado, que se demorara nalguma viela do Castelo, passou correndo; e das paredes da Misericórdia saía constantemente o agudo piar das corujas.

— É triste isto, disse Amaro.

Mas a S. Joaneira gritou de cima:

— Pode subir, senhor cônego! Está o caldo na mesa!

— Ora vá, vá, que você deve estar a cair de fome, Amaro! - disse o cônego, erguendo-se muito pesado. E detendo um momento o pároco, pela manga do casaco:

— Vai você ver o que é um caldo de galinha feito cá pela senhora! Da gente se babar!..."

Durante a ceia, Amaro contou ao cônego Dias sua passagem pelas serras. Lembraram depois do seminário. Enquanto comiam a sobremesa, a S. Joaneira aproveitou para elogiar o cônego, a quem chamava de santo padre. O cônego perguntou por Amélia, que fora ao Morenal com a D. Maria, e naturalmente passariam a noite na casa das Gansosos. O cônego Dias disse que a S. Joaneira era proprietária do Morenal, um condado. Conversaram sobre as doenças de Leiria. O padre Amaro demonstrou seu cansaço. Despediram-se. Amaro recusou o candeeiro, lembrando que no dia seguinte seria sexta-feira e guardaria o jejum. O cônego convidou Amaro para comer lulas em sua casa.[178] A S. Joaneira disse ter o maior escrúpulo com o jejum, afirmando que a salvação da alma vinha antes de tudo.[179]

Antes de se recolherem chegou Amélia. Depois da moça subir meio embaraçada, passando pelo padre Amaro, e ser repreendida de maneira brincalhona pelo cônego por causa da hora, este avisou a Amaro que passaria às oito horas.

"O pároco fechou a porta do quarto. A roupa da cama entreaberta, alva, tinha um bom cheiro de linho lavado. Por cima da cabeceira pendia a gravura antiga dum Cristo crucificado. Amaro abriu o seu Breviário, ajoelhou aos pés da cama, persignou-se; mas estava fatigado, vinham-lhe grandes bocejos; e então por cima, sobre o teto, através das orações rituais que maquinalmente ia lendo, começou a sentir o tique-tique das botinas de Amélia e o ruído das saias engomadas que ela sacudia ao despir-se."[180]

COMENTÁRIOS: Nesse capítulo, Amaro chega a Leiria e é recebido pelo antigo mestre, o cônego Dias, que se desmancha em elogios à casa da S. Joaneira. Esta também chama o cônego de santo padre. Amaro é recebido pela dona da casa com grandes desvelos. Amaro fica conhecendo Amélia, filha da S. Joaneira, que parece roubar a concentração de Amaro nas orações e também seu sono.

III Amaro nasceu em Lisboa em casa da Marquesa de Alegros, onde o pai foi criado do marquês e a mãe criada de quarto; "quase uma amiga da senhora marquesa[181]. Amaro conservava ainda um livro, O Menino das Selvas, com bárbaras imagens coloridas que tinha escrito na primeira página branca: À minha muito estimada criada Joana Vieira e verdadeira amiga que sempre tem sido, - Marquesa de Alegros. Possuía também um daguerreótipo[182] de sua mãe: era uma mulher forte, de sobrancelhas cerradas, a boca larga e sensualmente fendida, e uma cor ardente. O pai de Amaro tinha morrido de apoplexia[183]; e a mãe, que fora sempre tão sã, sucumbiu, daí a um ano, a uma tísica de laringe. Amaro completara então seis anos." Amaro tinha uma irmã mais velha que vivia com a avó em Coimbra, um tio, merceeiro abastado do bairro da Estrela. Entretanto, a senhora marquesa conservou o menino em sua casa, passando a vigiar a sua educação.

A marquesa ficou viúva aos quarenta e três anos e desde então passava a maior parte do ano na sua quinta de Carcavelos. Era passiva, de bondade indolente, muito devotada aos padres de S. Luís e preocupada com os interesses da Igreja. As duas filhas, "educadas no receio do céu e nas preocupações da Moda, eram beatas e faziam o chique falando com igual fervor da humildade cristã e do último figurino de Bruxelas. Um jornalista de então dissera delas: - Pensam todos os dias na toalete com que hão-de entrar no Paraíso."[184] As duas meninas ficavam enfastiadas no isolamento de Carcavelos, ocupando-se com a religião, a caridade. "... cosiam vestidos para os pobres da freguesia, bordavam frontais para os altares da igreja." Passavam o período de maio a outubro inteiramente absorvidas pelo trabalho de salvar a sua alma: "liam os livros beatos e doces; como não tinham S. Carlos, as visitas, a Aline, recebiam os padres e cochichavam sobre a virtude dos santos. Deus era o seu luxo de Verão."[185]

A marquesa resolvera fazer entrar Amaro na vida eclesiástica, cuja figura amarelada e magra pedia aquele destino recolhido. Amaro gostava das coisas de capela e de estar aninhado ao pé das mulheres, no calor das saias unidas, ouvindo falar de santas.[186] "A senhora marquesa não o quis mandar ao colégio porque receava a impiedade dos tempos, e as camaradagens imorais. O capelão da casa ensinava- lhe o latim, e a filha mais velha, a Sra. D. Luísa, que tinha um nariz de cavalete e lia Chateaubriand, dava-lhe lições de francês e de geografia."

Amaro era um mosquinha-morta[187]. Não brincava, não pulava ao sol. Tomou-se muito medroso. "Dormia com lamparina, ao pé de uma ama velha. As criadas de resto feminizavam-no; achavam-no bonito, aninhavam-no no meio delas, beijocavam-no, faziam-lhe cócegas, e ele rolava por entre as saias, em contato com os corpos, com gritinhos de contentamento. Às vezes, quando a senhora marquesa saía, vestiam-no de mulher, entre grandes risadas; ele abandonava-se, meio nu, com os seus modos lânguidos, os olhos quebrados, uma roseta escarlate nas faces. As criadas, além disso, utilizavam-no nas suas intrigas umas com as outras: era Amaro o que fazia as queixas. Tomou-se enredador, muito mentiroso."[188] Aos onze anos ajudava à missa e limpava a capela aos sábados. Crescia com o mesmo aspecto miúdo e amarelado, nunca dava uma boa risada e trazia sempre as mãos nos bolsos. Estava sempre nos quartos das criadas, remexendo as gavetas e as saias sujas, cheirava os algodões postiços. "Era extremamente preguiçoso, e custava de manhã arrancá-lo a uma sonolência doentia em que ficava amolecido, todo embrulhado nos cobertores e abraçado ao travesseiro. Já corcovava um pouco, e os criados chamavam-lhe o padreca."

Numa manhã de domingo, depois da missa, a marquesa caiu morta no terraço com uma apoplexia. "Deixava no seu testamento um legado para que Amaro, o filho da sua criada Joana, entrasse aos quinze anos no seminário e se ordenasse. O padre Liset ficava encarregado de realizar esta disposição piedosa. Amaro tinha então treze anos." As filhas da marquesa deixaram Carcavelos e foram para Lisboa, para a casa da tia paterna D. Bárbara de Noronha. Amaro foi mandado para casa do tio, para a Estrela.

"O merceeiro era um homem obeso, casado com a filha dum pobre empregado público, que o aceitara para sair da casa do pai, onde a mesa era escassa, ela devia fazer as camas e nunca ia ao teatro. Mas odiava o marido, as suas mãos cabeludas, a loja, o bairro, e o seu apelido de Sra. Gonçalves. O marido, esse adorava-a como a delícia da sua vida, o seu luxo; carregava-a de jóias e chamava-lhe a sua duquesa."

Amaro não encontrou na casa do tio o elemento feminino e carinhoso, em que estivera tepidamente[189] envolvido em Carcavelos. "A tia quase não reparava nele.; passava os seus dias lendo romances, as análises dos teatros nos jornais, vestida de seda, coberta de pó-de-arroz, o cabelo em cachos, esperando a hora em que passava debaixo das janelas, puxando os punhos, o Cardoso, galã da Trindade."[190] O merceeiro colocou Amaro no balcão. Acordava o jovem às cinco horas da manhã; "e o rapaz tremia na sua jaqueta de pano azul, molhando à pressa o pão na chávena de café, ao canto da mesa da cozinha. De resto detestavam-no; a tia chamava-lhe o cebola e o tio chamava-lhe o burro. Pesava-lhes até o magro pedaço de vaca que ele comia ao jantar. Amaro emagrecia, e todas as noites chorava."

"Sabia já que aos quinze anos devia entrar no seminário. O tio todos os dias lho lembrava:

— Não penses que ficas aqui toda a vida na vadiagem, burro. Em tendo quinze anos, é para o seminário. Não tenho obrigação de carregar contigo! Besta na argola, não está nos meus princípios!

E o rapaz desejava o seminário, como um libertamento."

Amaro nunca foi consultado em sua vocação, mas aceitava o destino do seminário. Tinha medo do Inferno, mas perdera o fervor pelos santos. Lembrava-se que os padres eram pessoas brancas e bem tratadas, que comiam ao lado das fidalgas, tomavam rapé em caixas de ouro. A profissão convinha-lhe, já que os padres falavam baixo com as mulheres e viviam entre elas, cochichando, "sentindo-lhes o calor penetrante"[191].

Um ano antes do seminário, o tio fê-lo ir a um mestre para se afirmar mais no latim, e dispensou-o de estar ao balcão. Pela primeira vez, teve liberdade. Ia à escola e passeava pelas ruas. "Viu a cidade, o exército de infantaria, espreitou às portas dos cafés, leu os cartazes dos teatros. Sobretudo começara a reparar muito nas mulheres - e vinham-lhe, de tudo o que via, grandes melancolias. A sua hora triste era ao anoitecer, quando voltava da escola, ou aos domingos depois de ter ido passear com o caixeiro ao jardim da Estrela. O seu quarto ficava em cima, na trapeira, com uma janelinha num vão sobre os telhados. Encostava-se ali olhando, e via parte da cidade baixa, que a pouco e pouco se alumiava de pontos de gás: parecia-lhe perceber, vindo de lá, um rumor indefinido: era a vida que não conhecia e que julgava maravilhosa, com cafés abrasados de luz, e mulheres que arrastam ruge-ruges[192] de sedas pelos peristilos[193] dos teatros; perdia-se em imaginações vagas, e de repente apareciam-lhe no fundo negro da noite formas femininas, por fragmentos, uma perna com botinas de duraque[194] e a meia muito branca, ou um braço roliço arregaçado até ao ombro... Mas embaixo, na cozinha, a criada começava a lavar a louça, cantando: era uma rapariga gorda, muito sardenta; e vinham-lhe então desejos de descer, ir roçar-se por ela, ou estar a um canto a vê-la escaldar os pratos; lembravam-lhe outras mulheres que vira nas vielas, de saias engomadas e ruidosas, passeando em cabelo, com botinas cambadas: e, da profundidade do seu ser, subia-lhe uma preguiça, como que a vontade de abraçar alguém, de não se sentir só. Julgava-se infeliz, pensava em matar-se. Mas o tio chamava-o de baixo:

— Então tu não estudas, mariola[195]?

E daí a pouco, sobre o Tito Lívio cabeceando de sono, sentindo-se desgraçado, roçando os joelhos um contra o outro, torturava o dicionário.

Por esse tempo começava a sentir um certo afastamento pela vida de padre, porque não poderia casar. Já as convivências da escola tinham introduzido na sua natureza efeminada curiosidades, corrupções. Às escondidas fumava cigarros: emagrecia e andava mais amarelo."[196]

Entrou no seminário. Nos primeiros dias, sentiu-se triste por causa dos longos e úmidos corredores de pedra, das lâmpadas tristes, dos quartos estreitos e gradeados, das batinas negras, do silêncio regulamentado, do toque das sinetas. Fez amizades; "o seu rosto bonito agradou". Foi admitido durante as horas de recreio, nos passeios do domingo, "às conversas em que se contavam anedotas dos mestres, se caluniava o reitor, e perpetuamente se lamentavam as melancolias da clausura: porque quase todos falavam com saudade das existências livres que tinham deixado". Ao contrário dos demais, Amaro não deixava coisas queridas, "mas insensivelmente pôs-se também a ter saudades dos seus passeios aos domingos, da claridade do gás e das voltas da escola, com os livros numa correia, quando parava encostado à vitrina das lojas a contemplar a nudez das bonecas[197]!"

"Lentamente, porém, com a sua natureza incaracterística[198], foi entrando como uma ovelha indolente na regra do seminário. Decorava com regularidade os seus compêndios; tinha uma exatidão prudente nos serviços eclesiásticos; e calado, encolhido, curvando-se muito baixo diante dos lentes[199] - chegou a ter boas notas." Entretanto, não compreendia os que "pareciam gozar o seminário com beatitude e maceravam os joelhos, ruminando, com a cabeça baixa, textos da Imitação ou de Santo Inácio; na capela, com os olhos em alvo, empalideciam de êxtase; mesmo no recreio, ou nos passeios, iam lendo algum volumezinho de Louvores a Maria; e cumpriam com delícia as regras mais miúdas - até subir só um degrau de cada vez, como recomenda S. Boaventura. A esses o seminário dava um antegosto do Céu: a ele só lhe oferecia as humilhações duma prisão, com os tédios duma escola."

Também não compreendia os ambiciosos, que queriam ser caudatários dum bispo, e desejavam viver nas cidades depois de ordenados, servir uma Igreja aristocrática. "E, a não ser alguns devotos, todos, ou aspirando ao sacerdócio ou aos destinos seculares, queriam deixar a estreiteza do seminário para comer bem, ganhar dinheiro e conhecer as mulheres."[200]

"Amaro não desejava nada:

— Eu nem sei, dizia ele melancolicamente."[201]

Na cela de Amaro, havia uma imagem da Virgem, para quem ele rezava a Salve-Rainha. "... mas, ficando a contemplar a litografia, esquecia a santidade da Virgem, via apenas diante de si uma linda moça loura; amava-a; suspirava, despindo-se olhava-a de revés lubricamente; e mesmo a sua curiosidade ousava erguer as pregas castas da túnica azul da imagem e supor formas, redondezas, uma carne branca... Julgava então ver os olhos do Tentador luzir na escuridão do quarto; aspergia a cama de água benta; mas não se atrevia a revelar estes delírios, no confessionário, ao domingo."[202]

Ordenou-se enfim pelas têmporas de S. Mateus; e pouco tempo depois recebeu, ainda no seminário, esta carta do Sr. padre Liset:

"Meu querido filho e novo colega. Agora que está ordenado,

entendo em minha consciência que devo dar-lhe conta do estado dos seus negócios, pois quero cumprir até o fim o encargo com que carregou os meus ombros débeis a nossa chorada marquesa, atribuindo-me a honra de administrar o legado que lhe deixou. Porque, ainda que os bens mundanos pouco devam importar a uma alma votada ao sacerdócio, são sempre as boas contas que fazem os bons amigos. Saberá, pois, meu querido filho, que o legado da querida marquesa — para quem deve erguer em sua alma uma gratidão eterna — está inteiramente exausto. Aproveito esta ocasião para lhe dizer que depois da morte de seu tio, sua tia, tendo liquidado o estabelecimento, se entregou a um caminho que o respeito me impede de qualificar: caiu sob o império das paixões, e tendo-se ligado ilegitimamente, viu os seus bens perdidos juntamente com a sua pureza, e hoje estabeleceu uma casa de hóspedes na Rua dos Calafates nº 53. Se toco nestas impurezas, tão impróprias de que um tenro levita, como o meu querido filho, tenha delas conhecimento, é porque lhe quero dar cabal relação da sua respeitável família. Sua irmã, como decerto sabe, casou rica em Coimbra, e ainda que no casamento não é o ouro que devemos apreciar, é todavia importante, para futuras circunstâncias, que o meu querido filho esteja de posse deste fato. Do que me escreveu o nosso querido reitor a respeito de o mandarmos para a freguesia de Feirão, na Gralheira, vou falar com algumas pessoas importantes que têm a extrema bondade de atender um pobre padre que só pede a Deus misericórdia. Espero, todavia, conseguir. Persevere, meu querido filho, nos caminhos da virtude, de que sei que a sua boa alma está repleta, e creia que se encontra a felicidade neste nosso santo ministério quando sabemos compreender quantos são os bálsamos que derrama no peito e quantos os refrigérios que dá - o serviço de Deus. Adeus, meu querido filho e novo colega. Creia que sempre o meu pensamento estará com o pupilo da nossa chorada marquesa, que decerto do Céu, onde a elevaram as suas virtudes, súplica à Virgem, que ela tanto serviu e amou, a felicidade do seu caro pupilo. Liset.

"P.S. - O apelido do marido de sua irmã é Trigoso." Liset.

"Dois meses depois Amaro foi nomeado pároco de Feirão, na Gralheira, serra da Beira Alta. Esteve ali desde Outubro até o fim das neves." Era uma região de pastores humildes. Amaro escreveu à irmã contando a sua pobreza em Feirão. A irmã mandou-lhe, com recomendações de economia, doze moedas para ir a Lisboa requerer a transferência. "Amaro partiu imediatamente. Os ares lavados e vivos da serra tinham- lhe fortificado o sangue; voltava robusto, direito, simpático, com uma boa cor na pele trigueira."

Amaro foi à Rua dos Calafates no 53, ver a tia. Achou-a velha. Fizera-se devota, "e foi com uma alegria piedosa que abriu os seus magros braços a Amaro.

— Como estás bonito! Ora não há! Quem te viu? Ih, Jesus! Que mudança!"

Amaro hospedou-se com a tia, que lhe deu um um quarto que dava para o saguão, mas bem baratinho. No outro dia, Amaro procurou o padre Liset, mas este havia ido para a França. Por conselho da tia, procurou a filha mais nova da Marquesa de Alegros, D. Luísa, casada com o conde de Ribamar, "conselheiro de Estado, com influência, regenerador fiel desde cinqüenta e um, duas vezes ministro do reino". Amaro contou a sua nomeação para Feirão, a pobreza da paróquia... A condessa mandou-o ficar descansado, marcando para dali a quinze dias pela manhã.

Quinze dias depois, vencido o prazo, foi procurar a condessa, mas ela não estava. Voltou no dia seguinte, mas ninguém foi atendê-lo. Tentou acordar um criado que dormia, mas nada conseguiu. Ouviu vozes e resolveu entrar. Três homens conversavam. Perguntou se incomodava. Foi recebido pelo conde, um homem alto, de bigode grisalho e óculos de ouro, que disse que sua mulher havia falado. O conde dirigiu-se a um homem baixo e gordo, quase calvo, de calças brancas muito curtas:

"— É a pessoa de quem lhe falei. - Voltou-se para Amaro: - É o senhor ministro.

Amaro curvou-se, servilmente.

— O Sr. padre Amaro, disse o conde de Ribamar, foi criado de pequeno em casa de minha sogra. Nasceu lá, creio eu...

— Saiba o senhor conde que sim, disse Amaro, que se conservava afastado, com o guarda-sol na mão.

— Minha sogra, que era toda devota e uma completa senhora - já não há disso! - fê-lo padre. Houve até um legado, creio eu... Enfim, aqui o temos pároco... Onde, Sr. padre Amaro?

— Feirão, excelentíssimo senhor.

— Feirão?... disse o ministro estranhando o nome.

— Na serra da Gralheira, informou logo o outro sujeito, ao lado.

(...)

— Enfim, resumiu o conde, um horror! Na serra, uma freguesia pobre, sem distrações, com um clima horrível...

— Eu meti já requerimento, excelentíssimo senhor, arriscou Amaro timidamente.

— Bem, bem, afirmou o ministro. Há-de arranjar-se, - e mascava o seu charuto."

Os três homens passaram a discutir sobre a importância ou não de colocarem padres mais jovens na melhores paróquias para entusiasmar os fiéis e de como os mesmos poderiam ou não ajudar na política. O padre Amaro escutou a tudo, imóvel. O conde então disse que sua mulher deveria querer vê-lo e fez o padre Amaro entrar numa sala forrada de papel branco acetinado, com móveis estofados de casimira clara. Havia também um rapaz louro e gordo na sala e uma moça magra próxima ao piano. A condessa tinha no colo uma cadelinha, que rosnou. A condessa mandou-a ficar quieta e disse que já havia falado do negócio de Amaro e que o ministro estava ali. Passaram a conversar.

A condessa perguntou da irmã de Amaro e ficou sabendo que havia casado e morava em Coimbra. Amaro, completamente sem jeito, perguntou pelo padre Liset e soube que estava em Nantes, com uma irmã a morrer. Diante dos elogios ao padre, o rapaz gordo disse preferir o padre Félix. A condessa mandou o primo não dizer aquilo.

"— Pois sim, mas o padre Félix...

— Ai, nem diga isso! Que o padre Félix é uma pessoa de muita virtude, decerto; mas o padre Liset tem uma religião mais... - e com um gesto delicado procurava a palavra: - mais fina, mais distinta... Enfim, vive com outra gente. - E sorrindo para Amaro: - Pois não acha?

Amaro não conhecia o padre Félix, não se recordava do padre Liset.

— Já é velho o Sr. padre Liset, observou ao acaso.

— Crê? disse a condessa. Mas muito bem conservado! E que vivacidade, que entusiasmo!... Ai, é outra coisa! - E voltando-se para a senhora que estava junto do piano: - Pois não achas, Teresa?

— Já vou, respondeu Teresa, toda absorvida."

Teresa pareceu a Amaro "uma rainha, ou uma deusa, com a sua alta e forte estatura, uma linha de ombros e de seio magnífica; os cabelos pretos um pouco ondeados destacavam sobre a palidez do rosto aquilino semelhante ao perfil dominador de Maria Antonieta; o seu vestido preto, de mangas curtas e decote quadrado, quebrava, com as pregas da cauda muito longa toda adornada de rendas negras, o tom monótono das alvuras da sala; o colo, os braços estavam cobertos por uma gaze preta, que fazia aparecer através dela a brancura da carne; e sentia-se nas suas formas a firmeza dos mármores antigos, com o calor dum sangue rico".

Continuaram a conversar sobre a fé das pessoas das aldeias. Depois a condessa pediu a Teresa que também intercedesse em favor de Amaro com o ministro. Teresa sentou-se ao piano para tocar. "Amaro estava enlevado[203]. Aquela sala rica com as suas alvuras de nuvem, o piano apaixonado, o colo de Teresa que ele via sob a negra transparência da gaze, as suas tranças de deusa, os tranqüilos arvoredos de jardim fidalgo davam-lhe vagamente a idéia duma existência superior, de romance, passada sobre alcatifas[204] preciosas, em coupés[205] acolchoados, com árias de óperas, melancolias de bom gosto e amores dum gozo raro. Enterrado na elasticidade da causeuse[206], sentindo a música chorar aristocraticamente, lembrava-lhe a sala de jantar da tia e o seu cheiro de refogado: e era como o mendigo que prova um creme fino, e, assustado, demora o seu prazer - pensando que vai voltar à dureza das côdeas[207] secas e à poeira dos caminhos.[208]

No entanto Teresa, mudando bruscamente de melodia, cantou a antiga ária inglesa de Haydn, que diz tão finamente as melancolias da separação:

The village seems dead and asleep
When Lubin is away!... [209]

— Bravo! bravo! exclamou o ministro da Justiça, aparecendo à porta, batendo docemente as palmas. Muito bem, muito bem! Deliciosamente!"

Teresa pediu ao ministro a vaga de Leiria para o padre Amaro, depois que o mesmo informou que era a melhor paróquia disponível. O ministro achava difícil conseguir a vaga para um eclesiástico novo.

"— Ora, Sr. Correia! exclamou Teresa, e o senhor não é novo?

O ministro sorriu, curvando-se.

— Dize alguma coisa, tu, disse a condessa a seu marido, que coçava ternamente a cabeça da arara.

— Parece-me inútil, o pobre Correia está vencido! A prima Teresa chamou-lhe novo!

— Mas perdão, protestou o ministro. Não me parece que seja uma lisonja excepcional; eu não sou também tão antigo...

— Oh, desgraçado! gritou o conde, lembra-te que já conspiravas em 1820.

— Era meu pai, caluniador, era meu pai!

Todos riram.

— Sr. Correia, disse Teresa, está entendido. O Sr. padre Amaro vai para Leiria!

— Bem, bem, sucumbo, disse o ministro com gesto resignado. Mas é uma tirania!"

O conde aproximou-se de Amaro, que se erguera, e garantiu que daí a uma semana estaria nomeado. Podia ir descansado.

"Amaro fez uma cortesia, e, servil, foi dizer ao ministro que estava junto do piano:

— Senhor ministro, eu agradeço...

— À senhora condessa, à senhora condessa, disse o ministro sorrindo.

— Minha senhora, eu agradeço, veio ele dizer à condessa, todo curvado.

— Ai, agradeça a Teresa. Ela quer ganhar indulgências, parece.

— Lembre-me nas suas orações, Sr. padre Amaro, disse ela. E continuou, com a sua voz magoada, dizendo ao piano - as tristezas da aldeia quando Lubin está ausente!"

Amaro daí a uma semana soube do seu despacho, mas sem esquecer aquela manhã. Perseguia-o a brancura dos braços de Teresa, sob a gaze negra. Um dia partiu, depois de grandes abraços da tia.

COMENTÁRIOS: Temos aqui a história de Amaro: órfão muito cedo e criado entre mulheres. O narrador desenha uma personalidade efeminada, erótica e covarde para o protagonista, sempre enfiado entre as saias das empregadas e das fidalgas da casa da Marquesa de Alegro. Amaro era uma criança mentirosa e um adolescente acovardado, sem qualquer vocação, indeciso, que se deixou conduzir para o seminário por falta de opção. Terminado o seminário, foi enviado para uma pequena cidade nas serras, onde imperava a pobreza e o tédio. Amaro procurou mudar seu destino através da filha mais nova da Marquesa de Alegros.

IV "Ao outro dia, na cidade, falava-se da chegada do pároco novo, e todos sabiam já que tinha trazido um baú de lata, que era magro e alto, e que chamava Padre-Mestre ao cônego Dias.

As amigas da S. Joaneira - as íntimas - a D. Maria da Assunção, as Gansosos, tinham ido logo pela manhã a casa dela para se porem ao fato... Eram nove horas, Amaro saíra com o cônego. A S. Joaneira, radiosa, importante, recebeu-as no alto da escada, de mangas arregaçadas, nos arranjos da manhã; e imediatamente, com animação, contou a chegada do pároco, as suas boas maneiras, o que tinha dito...

— Mas venham vocês cá abaixo, sempre quero que vejam.

Foi-lhes mostrar o quarto do padre, o baú de lata, uma prateleira que lhe arranjara para os livros.

— Está muito bem, está muito bem, diziam as velhas andando pelo quarto, devagar, com respeito, como numa igreja."

As amigas gostaram de encontrar um padre novo e gentil em lugar do padre José Miguéis. Felicitaram-na por hospedar o pároco, uma autoridade quase eclesiástica. A S. Joaneira convidou as amigas para aparecerem à noite.

Amaro foi visitar o chantre com o cônego Dias e entregoulhe uma carta de recomendação do Sr. conde de Ribamar, de quem o chantre era um velho amigo. Amaro ficou lisonjeado com a cordialidade da reunião. Depois, jantou em casa do cônego Dias, e foram passear pela estrada de Marrazes. Às oito horas recolheramse à casa da S. Joaneira.

"As velhas amigas estavam já na sala de jantar. Ao pé do candeeiro de petróleo, Amélia costurava." Estavam entre as presentes D. Maria da Assunção, as senhoras Gansosos, D. Joaquina Gansoso, D. Ana Gansoso, que era surda, e a Sra. D. Josefa, irmã do cônego Dias. "Era temida. O maligno doutor Godinho chamava-lhe a estação central das intrigas de Leiria.". Estava também João Eduardo, que parecia escandalizar as presentes com seu descaso para com as coisas da igreja.

A Sra. D. Joaquina Gansoso falou que o rapaz não havia de ganhar o Céu com o que dissera da Santa da Arregassa. Amaro ficou sabendo que a santa era uma mulher entrevada há vinte e cinco anos. João Eduardo comentou que os médicos diziam que era uma doença nervosa. A Sra. D. Maria da Assunção persignouse. A Sra. D. Josefa Dias gritou, mandando que ele não dissesse aquilo diante dela, porque era uma afronta.

"— É que até pode cair um raio, dizia para os lados, baixo, a Sra. D. Maria da Assunção, muito aterrada.

— Olhe, também lho digo, exclamou a Sra. D. Josefa Dias, o senhor é um homem sem religião e sem respeito pelas coisas santas. - E voltando- se para o lado de Amélia, muito azeda: - Olhe, filha minha é que eu lhe não dava!

Amélia corou; e João Eduardo, fazendo-se vermelho, também, curvou-se sarcasticamente:

— Eu digo o que dizem os médicos. E de resto, acredite que não tenho pretensões a casar com pessoa da sua família! Nem mesmo consigo, Sra. D. Josefa!

O cônego deu uma risada muito pesada."

Amaro descobriu que a santa sabia rezas para tudo; "pessoa por quem ela peça tem a graça do Senhor; é a gente apegar-se com ela e cura-se de toda a moléstia. E depois, quando comunga, começa a erguer-se, e fica com o corpo todo no ar, com os olhos erguidos para o Céu, que até chega a fazer terror."

Naquele momento uma voz interrompeu a conversa. Era Artur Couceiro, um rapaz muito engraçado e que tinha a melhor voz da cidade para modinhas.

O chá foi servido. "As velhas sorviam a pequenos goles pelos pires, escolhiam cuidadosamente as torradas; sentia-se o mastigar ruminado dos queixos; e por causa dos pingos da manteiga e das nódoas do chá, estendiam prudentemente os lenços sobre o regaço."[210] Amélia ofereceu um docinho a Amaro. Depois do chá, sentou-se ao piano, acompanhada pelo Artur. As mulheres exigiram uma música de sentimento. Depois da bela exibição de Artur, todos se prepararam para jogar loto. Amaro sentou-se junto de Amélia. O cônego cantava os números. João Eduardo não estava jogando, mas Amélia chamou-o para o jogo. D. Josefa não pagara os seus dez réis, mas negou-se a dizer a verdade. João Eduardo pagou a parte dela.

"Amaro sorriu. Estava distraído, e fatigado; às vezes mesmo esquecia- se de marcar, e Amélia dizia-lhe, tocando-lhe no cotovelo:

— Olhe que não marcou, senhor pároco."

Os dois, Amélia e Amaro ficaram à espera do número trinta e seis para vencerem. O cônego acabou cantando o número trinta e seis, dando a vitória aos dois.

João Eduardo aproximou-se de Amélia quando ela sentou-se ao piano cantarolando umas polcas. Mostrou-se enciumado pelo entusiasmo da moça ao ter quinado junto com o pároco.

"Amaro foi para o seu quarto, começou a rezar no Breviário; mas distraia-se, lembravam-lhe as figuras das velhas, os dentes podres de Artur, sobretudo o perfil de Amélia. Sentado à beira da cama, com o Breviário aberto, fitando a luz, via o seu penteado, as suas mãos pequenas com os dedos um pouco trigueiros picados da agulha, o seu buçozinho gracioso...

Sentia a cabeça pesada do jantar do cônego e da monotonia do quino[211], com uma grande sede além disso das lulas e do vinhito do Porto. Quis beber, mas não tinha água no quarto. Lembrou-se então que na sala de jantar havia uma bilha de Extremoz com água fresca, muito boa, da nascente do Morenal. Calçou as chinelas, tomou o castiçal, subiu devagarinho. Havia luz na sala, estava o reposteiro corrido; ergueu-o e recuou com um ah! Vira num relance Amélia, em saia branca a desfazer o atacador do colete; estava junto do candeeiro e as mangas curtas, o decote da camisa deixavam ver os seus braços brancos, o seio delicioso. Ela deu um pequeno grito, correu para o quarto.

Amaro ficou imóvel, com um suor à raiz dos cabelos. Poderiam suspeitar uma ofensa! Palavras indignadas iam sair decerto através do reposteiro do quarto, que ainda se balouçava agitado!

Mas a voz de Amélia, serena, perguntou de dentro:

— Que queria, senhor pároco?

— Vinha buscar água, balbuciou ele.

— Aquela Ruça! aquela desleixada! Desculpe, senhor pároco, desculpe. Olhe aí ao pé da mesa, a bilha. Achou?

— Achei! achei!

Desceu devagar com o copo cheio: a mão tremia-lhe, a água escorria- lhe pelos dedos.

Deitou-se sem rezar. Alta noite Amélia sentiu por baixo passos nervosos pisarem o soalho: era Amaro que, com o capote aos ombros e em chinelas, fumava, excitado, pelo quarto."

COMENTÁRIOS: A vida de Amaro no segundo dia em Leiria transcorreu de maneira agitada. À noite, ceou com o cônego e participou do chá em casa de S. Joaneira, terminando por jogar bingo com as velhas amigas da hospedeira, o cônego, Amélia, João Eduardo e Artur Couceiro. João Eduardo sentiu-se enciumado com a presença de Amaro perto de Amélia. Esta pareceu despertar a atenção de Amaro.

V "Ela, em cima, não dormia também. Sobre a cômoda, dentro de uma bacia, a lamparina extinguia-se, com um mau cheiro de morrão[212] de azeite; brancuras de saias caídas no chão destacavam; e os olhos do gato, que não sossegava, reluziam pela escuridão do quarto com uma claridade fosfórica e verde."

Amélia foi criada entre clérigos que freqüentavam a casa da mãe. Por isso gostava das coisas da igreja. Foi assim crescendo entre padres. "Mas o seu melhor tempo foi quando começou a tomar lições de música." Estudava piano e canto com "um antigo organista da Sé de Évora, extremamente infeliz: a filha única, muito linda, fugira-lhe com um alferes para Lisboa; e, passados dois anos, o Silvestre da Praça, que ia muito à capital, vira-a descer a Rua do Norte, de garibaldi[213] escarlate e alvaiade num olho, com um marinheiro inglês. O velho caíra em grande melancolia e grande miséria; e por piedade tinham-lhe dado um emprego no cartório da câmara eclesiástica. Era uma figura triste de romance picaresco. Muito magro, alto como um pinheiro, deixava crescer até os ombros os seus cabelos brancos e finos; os olhos, cansados, lagrimejavam-lhe sempre; mas o seu sorriso resignado e bom enternecia: e parecia muito transido[214], no seu capote cor de vinho que só lhe chegava à cintura e que tinha uma gola de astracã[215]. Chamavam-lhe o Tio Cegonha, pela sua alta magreza e o seu ar solitário. Amélia um dia tinha-lhe chamado Tio Cegonha; mas mordeu logo o beiço, toda envergonhada.

O velho pôs-se a sorrir:

— Ai, chame, minha rica menina, chame! Tio Cegonha?... ora, que tem? Cegonha sou eu, e bem cegonha!"

Nasceu entre os dois uma forte amizade. Amélia ajudava o tio Cegonha, cuja miséria despertara-lhe a piedade. Arrumou com o chantre dinheiro para meia de lã e fez a mãe deixar o mestre almoçar e jantar em sua casa nos dias de lição. O "Tio Cegonha só conhecia a música clássica, árias ingênuas e doces de Lully, motivos de minuetes, motetes floridos e piedosos dos doces tempos freiráticos."

Uma manhã Amélia estava muito amarela e triste, queixava-se de mal-estar. Tio Cegonha tocou uma melodia simples, mas extremamente melancólica. Depois contou a Amélia que fora composta por um jovem enamorado de uma freira, que morrera, e o rapaz tornou-se frade franciscano. Amélia pensou o dia todo naquela história. De noite teve febre e sonhos espessos "em que dominava a figura do frade franciscano, na sombra do órgão da Sé de Évora. Via os seus olhos profundos reluzirem numa face encovada: e, longe, a freira pálida, nos seus hábitos brancos, encostada ás grades negras do mosteiro, sacudida pelos prantos do amor! Depois, no longo claustro, a ala dos frades franciscanos caminhava para o coro: ele ia no fim de todos, curvado, com o capuz sobre o rosto, arrastando as sandálias, enquanto um grande sino, no ar nublado, tocava o dobre dos finados. Então o sonho mudava: era um vasto céu negro, onde duas almas enlaçadas e amantes, com hábitos de convento e um ruído inefável de beijos insaciáveis, giravam, levadas por um vento místico; mas desvaneciam-se como névoas, e na vasta escuridão ela via aparecer um grande coração em carne viva, todo traspassado de espadas, e as gotas de sangue que caíam dele enchiam o céu duma chuva escarlate.[216]

Ao outro dia a febre acalmou. O doutor Gouveia tranqüilizou: Amélia entrava na puberdade.

A morte do senhor de chantre, de quem a S. Joaneira fora amante, deixara-a desesperada, pois estava sem quem a amparasse. A Sra. D. Maria da Assunção, que tinha uma casa na praia da Vieira, levou a S. Joaneira e Amélia para a estação dos banhos. "Amélia tinha então quinze anos, mas era já alta e de bonitas formas. Foi uma alegria para ela a estação na Vieira! Nunca vira o mar; e não se fartava de estar sentada na areia, fascinada pela vasta água azul, muito mansa, cheia de sol; às vezes no horizonte passava um fumo delgado de paquete[217]; a monótona e gemente cadência da vaga adormentava-a; e em redor o areal faiscava, a perder de vista, sob o céu azul-ferrete."

Amélia teve um breve romance com o jovem poeta Agostinho, namorador incorrigível, que lhe roubara alguns beijos durante uma noite de chuva. Agostinho partiu na manhã seguinte. Prometeram-se escrever. Depois, Amélia teve notícia de que Agostinho estava de casamento marcado com a menina do Vimeiro, rompendo a chorar diante de todos.

"Amava Agostinho; e não podia esquecer aqueles beijos de noite no pinheiral cerrado. Pareceu-lhe então que não tornaria a ter alegria! Ainda lembrada daquele moço da história do Tio Cegonha, que por amor se escondera na solidão de um convento, começou a pensar em ser freira: deu-se a uma forte devoção, manifestação exagerada das tendências que desde pequenina as convivências de padres tinham lentamente criado na sua natureza sensível; lia todo o dia livros de rezas; encheu as paredes do quarto de litografias coloridas de santos; passava longas horas na igreja, acumulando Salve-Rainhas à Senhora da Encarnação. Ouvia todos os dias missa, quis comungar todas as semanas - e as amigas da mãe achavam-na "um modelo, de dar virtude a incrédulos"!"[218]

Nessa época o cônego Dias e sua irmã, D. Josefa Dias, começaram a freqüentar a casa da S. Joaneira. "Dentro em pouco o cônego tornou-se o "amigo da família"[219]. Depois do almoço era certo com a sua cadelinha, como outrora o chantre com o seu guarda-chuva. Como a irmã do cônego organizou com a S. Joaneira a Associação das Servas da Senhora da Piedade., a casa da S. Joaneira tornou-se um centro eclesiástico. Até "as nomeações de sineiros, coveiros, serventes de sacristia arranjavam-se ali por intrigas sutis e palavras piedosas. Tinham tomado um certo vestuário entre o preto e o roxo; toda a casa cheirava a cera e a incenso; e a S. Joaneira, mesmo, monopolizara o comércio das hóstias."

Entretanto, a ligação do cônego Dias e da S. Joaneira, muito comentada, afastou os padres do cabido[220]. Amélia crescera, esquecendo a paixão pelo Agostinho. Agora amava o aparato das missas, a festa, em lugar de sua paixão pela religião. "Deus era o seu luxo. Nos domingos de missa gostava de se vestir, de se perfumar com água-de-colônia, de se ir aninhar sobre o tapete do altar-mor, sorrindo ao padre Brito ou ao cônego Saldanha. Mas em certos dias, como dizia a mãe, "murchava"; voltavam então os abatimentos de outrora, que a amarelavam, lhe punham duas rugas velhas ao canto dos lábios: tinha nessas ocasiões horas duma vaga saudade parva e mórbida, em que só a consolava cantar pela casa o Santíssimo ou as notas lúgubres do toque da Agonia. Com a alegria voltava-lhe o rosto do culto alegre - e lamentava então que a Sé fosse uma ampla estrutura de pedra dum estilo frio e jesuítico: quereria uma igreja pequenina, muito dourada, tapetada, forrada de papel, iluminada a gás; e padres bonitos oficiando a um altar ornado como uma étagère[221]."

Tinha vinte e três anos quando conheceu João Eduardo no dia da procissão de Corpus-Christi. João Eduardo era escrevente em casa do tabelião Nunes Ferral. À noite, depois do chá, João Eduardo convidou Amélia para dançar uma mazurca francesa. Como ela não dançasse, o rapaz também não dançou. Depois conversaram. João Eduardo mostrou-se interessado por Amélia. Duas semanas depois, todos foram assistir uma companhia ambulante de zarzuela[222]. João Eduardo "não se fartou de contemplar, de desejar Amélia. À saída veio cumprimentá-la, oferecer-lhe o braço até a Rua da Misericórdia; a S. Joaneira, a Sra. D. Maria da Assunção seguiam atrás com o tabelião Nunes".

Os dois começaram a namorar, mas Amélia não tinha nenhuma inclinação pelo rapaz. "Estimava-o, achava-o simpático, bom moço; poderia ser um bom marido; mas sentia dentro em si o coração adormecido." O rapaz começou a ir à Rua da Misericórdia quase todas as noites., falando um dia à mãe de Amélia em casamento. Amélia respondeu ambigüamente. Esperariam até que ele obtivesse o lugar de amanuense[223] do governo civil, como fora prometido pelo doutor Godinho.

"Assim vivera Amélia até a chegada de Amaro: e, durante a noite, estas recordações vinham-lhe por fragmentos, como pedaços de nuvens que o vento vai trazendo e desmanchando. Adormeceu tarde, acordou já o sol ia alto: e espreguiçava-se, quando ouviu dizer a Ruça na sala de jantar:

— É o senhor pároco que vai sair com o senhor cônego; vão à Sé.

Amélia saltou da cama, correu à janela em camisa, ergueu uma pontinha da cortina de cassa, olhou. A manhã resplandecia: e o padre Amaro pelo meio da rua conversando com o cônego, assoava-se ao seu lenço branco, muito airoso na sua batina de pano fino."

COMENTÁRIOS: Esse capítulo procura construir a personagem Amélia, para traçar-lhe o comportamento fútil e sem qualquer objetivo de vida. Seu relacionamento com João Eduardo não se mostrava como algo sério, pois Amélia apenas deixava-se conduzir pela própria falta de perspectiva.

VI Logo desde os primeiros dias, envolvido suavemente em comodidades, Amaro sentiu-se feliz. A S. Joaneira, muito maternal, tomava um grande cuidado na sua roupa branca, preparava-lhe petiscos, e o "quarto do senhor pároco andava que nem um brinco"! Amélia tinha uma familiaridade picante de parenta bonita: "tinham calhado um com o outro", como dissera, encantada, D. Maria da Assunção. Os dias iam assim passando para Amaro, fáceis, com boa mesa, colchões macios e a convivência meiga de mulheres.

"Amaro já não celebrava a missa como nos primeiros tempos, com uma devoção enternecida." Procurava terminar o mais rápido possível, para saciar seu apetite durante o almoço e nas boas torradas. "Àquela hora já Amélia o esperava com o cabelo caído sobre o penteador, tendo na pele fresca um bom cheiro de sabão de amêndoas." Pelo meio do dia Amaro subia à sala de jantar e conversava com a S. Joaneira e com Amélia, que costuravam. A S. Joaneira colocava o padre Amaro a par das fofocas de Leiria. Aproveitava o padre da companhia das duas mulheres, encontrando cada vez mais afinidades com Amélia.

Quando a S. Joaneira ia dar o remédio à irmã idiota ou conversar à cozinha. "Eles ficavam sós; não falavam, mas os seus olhos tinham um longo diálogo mudo, que os ia penetrando da mesma languidez dormente. Então Amélia cantarolava baixo o Adeus ou o Descrente: Amaro acendia o seu cigarro, e escutava, bamboleando a perna." Toda essa intimidade fazia Amaro esquecer-se que era padre; "e só pensava então na doçura infinita de lhe dar um beijo na brancura do pescoço, ou mordicar-lhe a orelhinha." Amaro revoltava-se contra essas fraquezas, chegava a folhear o seu Breviário, mas a voz de Amélia falava em cima, o tique-tique das suas botinas batia o soalho, e ele esquecia-se sua devoção.

À hora do jantar aparecia sempre o cônego Dias com a cadela, a Trigueira. Conversavam. Amélia ficava enlevada, ouvindo o padre Amaro falar das novidades de Lisboa. Depois, Amélia tocava ao piano. Amaro voltava a seu quarto excitado e lia até tarde, "um pouco perturbado por aqueles períodos sonoros, túmidos de desejo; e no silêncio, por vezes, sentia em cima ranger o leito de Amélia; o livro escorregava-lhe das mãos, encostava a cabeça às costas da poltrona, cerrava os olhos, e parecia-lhe vê-la em colete diante do toucador desfazendo as tranças; ou, curvada, desapertando as ligas, e o decote da sua camisa entreaberta descobria os dois seios muito brancos.

Erguia-se, cerrando os dentes, com uma decisão brutal de a possuir.

Começara então a recomendar-lhe a leitura dos Cânticos a Jesus.

— Verá, é muito bonito, de muita devoção! disse ele, deixando-lhe o livrinho uma noite no cesto da costura.

Ao outro dia, ao almoço, Amélia estava pálida, com as olheiras até o meio da face. Queixou-se de insônia, de palpitações.

— E então, gostou dos Cânticos?

— Muito. Orações lindas! Respondeu.

Durante todo esse dia não ergueu os olhos para Amaro. Parecia triste - e sem razão, às vezes, o rosto abrasava-se-lhe de sangue."

Amaro não suportava as segundas e quartas-feiras, quando João Eduardo vinha passar as noites em família. "Até às nove horas o pároco não saía do quarto; e quando subia para o chá desesperava-se de ver o escrevente embrulhado no seu xale-manta, sentado junto de Amélia."[224]

Um dia, ao voltar de um jantar em casa da D. Maria da Assunção, Amaro encontrou a porta aberta. Pensou que a Ruça tivesse esquecido a porta aberta. Sabia que ninguém estaria em casa. Ao passar pelo quarto da S. Joaneira, encontrou a hospedeira "em saia branca, atacava o colete; e, sentado à beira da cama, em mangas de camisa, o cônego Dias resfolegava grosso". Amaro desceu, fechando devagarinho a porta, e foi ao acaso para os lados da Sé. Nunca suspeitara desse escândalo.

"Vinham-lhe então outras reflexões: que gente era aquela, a S. Joaneira e a filha, que viviam assim sustentadas pela lubricidade tardia de um velho cônego? A S. Joaneira fora decerto bonita, bem-feita, desejável - outrora! Por quantos braços teria passado até chegar, pelos declives da idade, àqueles amores senis e mal pagos? As duas mulherinhas, que diabo, não eram honestas! Recebiam hóspedes, viviam da concubinagem[225]. Amélia ia sozinha à igreja, às compras, à fazenda; e com aqueles olhos tão negros, talvez já tivesse tido um amante!"

Ao voltar, encontrou a S. Joaneira jogando a bisca com João Eduardo. Amélia costurava. "Amaro sentou-se um pouco embaraçado." Odiou João Eduardo, porque este poderia casar-se com Amélia. Chegou a pensar mal da moça, acreditando que ela admitia os amores da mãe. Amélia percebeu o incômodo de Amaro, o que este negou, resolvendo ir para o quarto.

Não conseguia esquecer Amélia. "Odiou-a então, e o seu vestido afogado e a sua honestidade! A estúpida, que não percebia que ao pé dela, sob uma negra batina, uma paixão devota a espreitava, a seguia, tremia e morria de impaciência! Desejou que ela fosse como a mãe, - ou pior, toda livre, com vestidos garridos, uma cuia impudente, traçando a perna e fitando os homens, uma fêmea fácil como uma porta aberta..." A lubricidade foi substituída por um devoção ao amor puro que antes sentira por Amélia.

João Eduardo saíra. Ouvia os ruídos de Amélia indo para o quarto. "Mas a sensação do amor místico que o penetrara um momento, olhando a noite, passara; e deitou-se, com um desejo furioso dela e dos seus beijos."

COMENTÁRIOS: Amaro descobriu o relacionamento do cônego Dias com a S. Joaneira e deixou-se divagar em relação a Amélia. A atitude do outro clérigo parecia justificar e incentivar seu desejo por Amélia e tirar toda a sua tranqüilidade e o seu sono.

VII Dias depois, Amaro e o cônego foram jantar com o abade da Cortegassa, que era um velho jovial, caridoso e que vivia há trinta anos naquela freguesia. O abade era considerado o melhor cozinheiro da diocese. Sua cabidela de caça era famosa entre os padres. "O abade fazia anos, havia outros convidados - o padre Natário e o padre Brito: o padre Natário era uma criaturinha biliosa, seca, com dois olhos encovados, muito malignos, a pele picada das bexigas e extremamente irritável. Chamavam-lhe o Furão. Era esperto e questionador; tinha fama de ser grande latinista, e ter uma lógica de ferro; e dizia-se dele: é uma língua de víbora! Vivia com duas sobrinhas órfãs, declarava-se extremoso por elas, gabava-lhes sempre a virtude, e costumava chamar-lhes as duas rosas do seu canteiro. O padre Brito era o padre mais estúpido e mais forte da diocese; tinha o aspecto, os modos, a forte vida de um robusto beirão que maneja bem o cajado, emborca um almude[226] de vinho, pega alegremente à rabiça do arado, serve de trolha nos arranjos de um alpendre, e nas sestas quentes de Junho atira brutalmente as raparigas para cima das medas de milho. O senhor chantre, sempre correto nas suas comparações mitológicas, chamava-lhe - o leão de Nemeia."

O Libaninho, que chegou atrasado, desculpava-se em tons agudos, passara pela igreja de Nossa Senhora da Ermida e assistira uma missa de intenção do padre Nunes.[227]

Todos elogiaram a comida preparada pelo abade, que ficou escarlate de satisfação. Os padres falavam pouco e deleitavam-se com o jantar. Depois de dois canecos de vinho, riam-se com as brincadeiras do Libaninho com a empregada do abade, Gertrudes.

"Um pobre então viera à porta rosnar lamentosamente Padre-Nossos; e enquanto Gertrudes lhe metia no alforje metade duma broa, os padres falaram dos bandos de mendigos que agora percorriam as freguesias.

— Muita pobreza por aqui, muita pobreza! dizia o bom abade. Ó Dias, mais este bocadinho da asa!

— Muita pobreza, mas muita preguiça, considerou duramente o padre Natário. - Em muitas fazendas sabia ele que havia falta de jornaleiros, e viam-se marmanjos, rijos como pinheiros, a choramingar Padre-Nossos pelas portas. - Súcia de mariolas, resumiu.

— Deixe lá, padre Natário, deixe lá! disse o abade. Olhe que há pobreza deveras. Por aqui há famílias, homem, mulher e cinco filhos, que dormem no chão como porcos e não comem senão ervas.

— Então que diabo querias tu que eles comessem? exclamou o cônego Dias lambendo os dedos depois de ter esburgado a asa do capão. Querias que comessem peru? Cada um como quem é!

O bom abade puxou, repoltreando-se, o guardanapo para o estômago, e disse com afeto:

— A pobreza agrada a Deus Nosso Senhor.

— Ai filhos! acudiu o Libaninho num tom choroso, se houvesse só pobrezinhos isto era o reininho dos Céus!"[228]

Depois disso falam das imoralidades que se disseminam nas comunidades. Todos falam com muito pudor, mas o padre Natário acabou dizendo que o exemplo vem de cima e que o padre Brito tinha um caso com a mulher do regedor. O padre Brito negou com veemência, mas todos concordaram que o comentário existia. Brito acusou o morgado da Cumiada de espalhar o boato porque o regedor não votou com ele na eleição. Ameaçou quebrar-lhe os ossos.

Depois todos gabaram-se das maneiras encontradas para arranjar votos para o partido do governo. Padre Natário afirmou que da confissão tirava-se grande partido. Amaro, que estivera calado, disse que a confissão era um ato muito sério e não podia servir assim para eleições.[229] O padre Natário perguntou se ele tomava a confissão a sério. Todos reclamaram das palavras de Natário, que procurou argumentar que nenhum padre era realmente Deus para absolver algum pecador. Iniciou-se uma polêmica entre Amaro e Natário, que foi interrompida pelo abade, que ofereceu arroz doce e vinho do porto.

"Eram três horas. Ao erguer-se todos cambaleavam um pouco, arrotando formidavelmente, com risadas espessas; só Amaro tinha a cabeça lúcida, as pernas firmes - e sentia-se muito terno.

— Pois agora, colegas, disse o abade sorvendo o último gole de café, o que está a calhar é um passeio à fazenda.

— Para esmoer, rosnou o cônego erguendo-se com dificuldade. vamos lá à fazenda do abade!"

Amaro não os acompanhou até a fazenda, tomou pelo caminho de Sobros, voltando para Leiria. "Ao pé da Cortegassa o atalho de Sobros alarga-se, ao comprido dum muro dae quinta coberto de musgos e eriçada no alto de luzidios fundos de garrafas. Quando Amaro chegou próximo ao portão de carros, baixo e pintado de vermelho, encontrou no meio do caminho, parada, uma grande vaca malhada; Amaro divertido espicaçou-a com o guarda-chuva; a vaca trotou balouçando a papeira - e Amaro ao voltar-se viu Amélia, ao portão, que saudava, dizendo toda risonha:

— Então está-me a espantar o gado, senhor pároco?

— É a menina! Que milagre é este?."

Amélia convidou Amaro para ir até a fazenda. Amaro aceitou. Acabam indo até a quinta de D. Maria. No caminho, Amélia riu de Amaro, que tinha medo dos sapos. Ao chegarem à cancela, esta estava trancada. Amélia desafiou Amaro para pular através do salto da cabra, uma abertura estreita no valado. Amaro saltou o valado. Amélia saltou depois. "Saltou, foi cair-lhe sobre o peito com um gritinho. Amaro resvalou, firmou-se - e sentindo entre os braços o corpo dela, apertou-a brutalmente e beijou-a com furor no pescoço.

Amélia desprendeu-se, ficou diante dele, sufocada, com a face em brasa, compondo na cabeça e em roda do pescoço, com as mãos trêmulas, as pregas da manta de lã. Amaro disse-lhe:

— Ameliazinha!"

Amélia correu ao comprido do valado. Amaro seguiu-a. Quando chegou à cancela, Amélia falava ao caseiro, que aparecia com a chave. Atravessaram o campo. Amélia seguia na frente com o caseiro. "Amaro, de cabeça baixa, seguia muito murcho. Ao pé da casa Amélia parou, fazendo-se vermelha, compondo sempre a manta em redor do pescoço:

— Ó Antônio, disse, ensine o portão ao senhor pároco. Muito boas tardes, senhor pároco."

Amélia correu para o fundo da quinta. D. Maria da Assunção estranhou que a moça chegasse correndo e toda vermelha. Amélia "sentou-se ao pé da velha; e ficou imóvel, com as mãos caídas no regaço, respirando fortemente, os beiços entreabertos, os olhos fixos numa abstração. Todo o seu ser se abismava numa só sensação:

— Gosta de mim! Gosta de mim!"

"A sua antiga devoção renascia, cheia de um fervor sentimental: sentia um vago amor físico pela Igreja; desejaria abraçar, com pequeninos beijos demorados, o altar, o órgão, o missal, os santos, o Céu, porque não os distinguia bem de Amaro, e pareciam-lhe dependências da sua pessoa. Lia o seu livro de missa pensando nele como no seu Deus particular. E Amaro não sabia, quando passeava agitado pelo quarto, que ela em cima o escutava, regulando as palpitações do seu coração pelas passadas dele, abraçando o travesseiro, toda desfalecida de desejos, dando beijos no ar, onde se lhe representavam os lábios do pároco!"

COMENTÁRIOS: Sem dúvida, esse capítulo prima-se pelo anticlericalismo. Eça de Queirós denuncia o comportamento imoral e mesquinho do clero lusitano, mais apegado à gula e às imoralidades do que aos valores cristãos da bondade e da honestidade. Amaro mostrou-se mais cheio de fé e de vocação do que os velhos padres. Entretanto, essa fé e vocação foram rapidamente desfeitas. A reunião com os outros clérigos parece ter dado a Amaro o incentivo ao comportamento imoral, já que pouco depois ousou beijar Amélia, que estava há muito enamorada do padre Amaro. Na solidão de seu quarto, sentia-se desesperada imaginando que ele não percebia nos seus olhos a confissão do seu amor. Parecia projetar em Amaro, a história de amor que tanto imaginava. Achava que Amaro fizera-se padre por causa de um amor. Idealizou-o "Quando Amaro saía, ia ao quarto dele, beijava a travesseirinha, guardava os cabelos curtos que tinham ficado nos dentes do pente. As faces abrasavam-se-lhe quando o ouvia tocar a campainha."

VIII O padre Amaro sentiu que deveria sair imediatamente da casa da S. Joaneira e procurou o cônego Dias para contar tudo que acontecera, "a sua natureza fraca necessitava sempre receber forças duma razão, duma experiência alheia: costumava consultar ordinariamente o cônego que, pelo hábito da disciplina eclesiástica, ele julgava mais inteligente por ser seu superior na hierarquia; e não perdera, desde o seminário, a sua dependência de discípulo".Necessitava do cônego para arranjar-lhe outra moradia, já que conhecia Leiria como se a tivesse edificado.

O cônego estava na sala de jantar. Conversaram, mas Amaro não conseguiu contar nada ao cônego., preferindo dizer que precisava sair da casa da S. Joaneira, mas sem conseguir explicar os motivos. O cônego viu que a decisão vinha a calhar, já que a presença de Amaro atrapalhava seus planos de passar a sesta ao lado da S. Joaneira. Era melhor pagar a mesada, do que privar-se da companhia da amante que dividia o quarto com a filha para ceder a Amaro o primeiro andar de sua casa. "Ora se Amaro saísse, a S. Joaneira descia ao seu quarto, no primeiro andar; vinham as antigas comodidades, as tranqüilas sestas."

"— Que diabo! ao menos está um homem à sua vontade, resumiu ele.

— Que está para aí o mano a falar só? perguntou a Sra. D. Josefa, despertando do quebranto em que ia caindo, ao pé do lume.

— Estava cá a malucar como hei-de castigar a carne na quaresma - disse o cônego com um riso grosso."

Em casa da S. Joaneira, Amaro subiu para o chá com o coração pequenino, receando encontrar a S. Joaneira muito carrancuda, já informada do insulto. Encontrou apenas Amélia, a quem pediu perdão pelo atrevimento e comunicou que sairia dali. Falou com o rosto baixo e não viu que Amélia ergueu os olhos para ele, surpreendida e toda desconsolada. Neste momento a S. Joaneira entrou animada e quis saber detalhes do grande jantar. Amaro disse dos pratos, das pilhérias do Libaninho, da discussão teológica; "depois falaram da fazenda: e Amaro desceu, sem se ter atrevido a dizer à S. Joaneira que ia deixar a casa, - o que era, coitada, para a pobre mulher, uma perda de seis tostões por dia".

Na manhã seguinte, o cônego Dias disse que encontrara uma casita lá para os seus lados, que era do major Nunes. A precipitação desagradou a Amaro, que perguntou se havia mobília. O cônego confirmou que tinha mobília, louças, roupas, tudo. "A casa era na Rua das Sousas, de um andar, muito velha, com a madeira carunchosa: a mobília, como disse o cônego, "podia passar a veteranos"; algumas litografias desbotadas pendiam lugubremente230 de grandes pregos negros; e o imundo major Nunes deixara os vidros quebrados, os soalhos todos escarrados, as paredes riscadas de fósforos, e até sobre um poial da janela duas peúgas quase negras." Amaro aceitou a casa. O cônego ajustou-lhe uma criada, a Sra. Maria Vicência.

Nessa tarde, o cônego comunicou à S. Joaneira a resolução de Amaro. A S. Joaneira queixou-se da ingratidão do senhor pároco. O cônego afirmou que ele mesmo arranjara a coisa, explicando seus motivos. Acrescentou que daria a mesada de antes e ainda acrescentaria meia moeda.

Amaro arrumava a sua roupa, mas parava cheio de tristeza e olhava em redor o quarto, dando adeus às boas manhãs passadas ao pé de Amélia, vendo-a costurar.

A S. Joaneira e o cônego apareceram à porta do quarto. A S. Joaneira chamou-o de ingrato, dizendo-lhe depois que já o queria como filho, levando o lenço aos olhos. Amaro arrependeu-se da resolução, já que Amélia nada havia dito. "Para que sairia então daquela casa tão barata, tão confortável, tão amiga? E odiava o cônego pelo seu zelo tão precipitado." O jantar foi triste. Depois, a pedido do cônego, Amélia foi ao piano e cantou com grande tristeza:

> "Ai! adeus! acabaram-se os dias
> Que ditoso vivi a teu lado!
> Soa a hora, o momento fadado.
> É forçoso deixar-te e partir!"

Amaro ergueu-se bruscamente e encostou o rosto à vidraça para esconder duas lágrimas. Os dedos de Amélia embrulhavam-se também no teclado. A S. Joaneira pediu à filha para tocar outra coisa. Amaro despediu-se para acompanhar o cônego até sua nova moradia.

Naquela mesma noite, Amaro "sentiu uma melancolia tão pungente e um tédio tão negro da vida, que, com a sua natureza lassa, teve vontade de se encolher a um canto e ficar ali a morrer". "Desesperou-se então contra Amélia: acusou-a, com o punho fechado, das comodidades que perdera, da falta de mobília, da despesa que ia ter, da solidão que o regelava! Se fosse mulher de coração devia ter vindo ao seu quarto, dizer-lhe: Sr. padre Amaro, para que sai de casa? Eu não estou zangada! — Porque enfim quem irritara o seu desejo? Ela, com as suas maneirinhas temas, os seus olhinhos adocicados! Mas não, deixara-o emalar a roupa, descer a escada, sem uma palavra amiga, indo tocar com estrondo a valsa do Beijo!" Jurou não voltar a casa da S. Joaneira. Jurou fazer-se importante.

COMENTÁRIOS: Todo o capítulo gira em torno das conseqüências da ação ousada de Amaro, que resolveu deixar a casa da S. Joaneira. Seu arrependimento decorreu do fato de Amélia nada ter dito à mãe sobre a ousadia de Amaro. Como o cônego Dias agilizou a saída de Amaro, para atender seus próprios interesses amorosos, o jovem padre deixou a casa, mudando-se para outra muito pior, mas desejando vingar-se de Amélia e tendo maus pensamentos para com ela.

IX A vida de Amaro tornou-se monótona, mesquinha, incomodado pela presença de Vicência, sempre constipada e muito suja. Comia mal, à pressa; "mandava vir o café, e ficava horas esquecidas sentado à mesa, quebrando a cinza do cigarro na borda do prato, perdido num tédio mudo, sentindo os pés e os joelhos frios do vento que entrava pelas frinchas da sala desabrigada." O cônego nunca o visitara, mas apenas o coadjutor, que afirmara que Amaro estava melhor ali, porque era a sua casa. No começo, Amaro dizia ligeiramente mal da S. Joaneira, para provocar e animar o coadjutor a contar os escândalos da Rua da Misericórdia.

Amaro deitava sem rezar. Nunca mais voltara à casa da S. Joaneira. "Escandalizara-se muito que ela não lhe tivesse mandado pedir para ir às partidas da sexta-feira; atribuíra "a desfeita" à hostilidade de Amélia; e, mesmo para a não ver, trocara com o padre Silveira a missa do meio-dia onde ela costumava ir, e dizia a das nove horas, furioso com aquele novo sacrifício!"

Amélia tinha palpitações quando ouvia tocar a campainha. Esperava o padre Amaro, que nunca vinha.

"Nos primeiros dias, apenas ele se fora embora, toda a casa lhe pareceu desabitada e lúgubre! Quando vira no quarto dele os cabides sem a sua roupa, a cômoda sem os seus livros, rompeu a chorar. Foi beijar a travesseirinha onde ele dormia, apertou ao peito com delírio a última toalha a que ele limpara as mãos! Tinha constantemente o seu rosto presente, ele entrara sempre nos seus sonhos. E com a separação o seu amor ardia mais forte e mais alto, como uma fogueira que se isola."

Pensara mesmo em esquecer o padre Amaro, mas suas resoluções eram logo esquecidas: "As suas resoluções honestas ressequiam-se, morriam como débeis florinhas naquele fogo que a percorria. Se às vezes a lembrança de Joaninha[231] ainda voltava, repelia-a com irritação; e acolhia alvoroçadamente todas as razões insensatas que lhe vinham de amar o padre Amaro! Tinha agora só uma idéia - atirar-lhe os braços ao pescoço e beijá-lo, oh! beijá-lo!... Depois, se fosse necessário, morrer!"

Amélia irritava-se com o amor de João Eduardo. Achava-o "palerma". Não andava boa de saúde. O médico aconselhou a S. Joaneira a casar a filha o quanto antes. "Amélia enfim melhorou - com grande alegria de João Eduardo, que enquanto ela estivera doente vivera numa aflição, lamentando não poder ser seu enfermeiro, e derramando às vezes no cartório uma lágrima triste sobre os papéis selados do severo Nunes Ferral."

No domingo, à missa das nove horas, Amaro viu de relance Amélia ao pé da mãe. "Cerrou um momento os olhos; e mal podia sustentar o cálix com as mãos trêmulas." Amaro foi ter com as duas, que esperavam passar a chuva. Alegou ocupação, depois de perguntado pela S. Joaneira por que não aparecia. Diante da insistência e da acusação de ingratidão, Amaro prontificou-se a aparecer naquela mesma noite. Amélia, muito vermelha, olhava para todos os pontos o céu carregado para disfarçar sua perturbação. Amaro ofereceu-lhe o seu guarda-chuva. Amélia despediu-se dizendo:

" — Até à noite, sim? - e mais baixo, olhando em redor, com medo: - Oh, vá! Tenho estado tão triste! tenho estado como doida! Vá, peço- lhe eu!"

Amaro voltou para casa e sentiu-se saturado de felicidade, "como um pardal muito farto num raio de sol muito quente"[232] "A certeza de que "a rapariga gostava dele entrou-lhe então na alma com a violência de uma rajada, e ficou a sussurrar por todos os recantos do seu ser com um murmúrio melodioso de felicidades agitadas." Mal conseguiu jantar por causa da impaciência.

Ao chegar à casa da S. Joaneira, viu que estavam a Sra. D. Maria da Assunção, e as Gansosos. O Libaninho imitava foguetes subindo ao ar. O Artur Couceiro improvisou-lhe um fadinho à viola:

"Ora já cá temos o senhor pároco
Nos chás da S. Joaneira.
Isto já parece outra coisa,
Volta a bela cavaqueira!"

Houve palmas. A S. Joaneira, toda risonha, disse que tinha sido uma ingratidão dele. O cônego disse que era uma casmurrice. "Amélia não falava, com as faces abrasadas, os olhos úmidos pasmados para o padre Amaro - a quem tinham dado a poltrona do cônego, e que se repoltreava nela, túmido de gozo, fazendo rir as senhoras pelas pilhérias com que contava os desleixos da Vicência.

João Eduardo, isolado a um canto, ia folheando o velho álbum."

Amaro jantava cedo, lia seu Breviário e, batiam as sete horas, seguia para a casa da S. Joaneira. Encontrava "as Gansosos, a D. Josefa Dias; e o cônego, que jantava agora muito com a S. Joaneira e que àquela hora, estirado na poltrona, findava a sua soneca, dizia-lhe bocejando:

— Ora viva o menino bonito!"

Amaro sentava-se ao pé de Amélia, que costurava à mesa. "... o olhar penetrante que se trocavam era todos os dias como o mútuo juramento mudo que o seu amor crescera desde a véspera; e às vezes mesmo, debaixo da mesa, roçavam os joelhos com furor." Com a chegada de João Eduardo, Amélia abria a mesinha para a partida de manilha: "os parceiros eram a Gansoso, D. Josefa, o pároco; e como Amaro jogava mal, Amélia, que era mestra, sentava-se por detrás dele para o "guiar". Logo às primeiras vasas havia altercações. Então Amaro voltava o rosto para Amélia, tão perto que confundiam os seus hálitos."

João Eduardo morria de ciúmes da proximidade de Amélia com Amaro. Este saía sempre mais apaixonado por Amélia, o que gerava uma infinidade de planos e o arrependimento de ter-se feito padre. "Tinham-no impelido para o sacerdócio como um boi para o curral!"[233] Amaro criticava o absurdo do celibato religioso. " - Porque a carne é fraca!" "Mas não lhe diziam os seus mestres no seminário que ele pertencia a uma Igreja militante? O ascetismo era culpado, sendo a deserção dum serviço santo. - Não compreendia, não compreendia!" Amaro procura nos livros sacros a justificativa para o seu amor. "O seu amor era pois uma infração canônica, não um pecado da alma: podia desagradar ao senhor chantre, não a Deus; seria legítimo num sacerdócio de regra mais humana. Lembrava-se de se fazer protestante: mas onde, como? Parecia-lhe mais extraordinariamente impossível que transportar a velha Sé para cima do monte do Castelo." Acreditava que o bispo e o papa também fariam o mesmo que ele, se não fossem velhos. Amaro perdia o sono.

João Eduardo percebera a simpatia de Amélia pelo pároco e atribuía aquilo ao respeito beato pela sua batina de padre, pelos seus privilégios de confessor. Passou a detestar Amaro. "Sempre fora inimigo de padres! Achava-os um "perigo para a civilização e para a liberdade"; supunha-os intrigantes, com hábitos de luxúria, e conspirando sempre para restabelecer "as trevas da Meia-Idade"; odiava a confissão que julgava uma arma terrível contra a paz do lar; e tinha uma religião vaga - hostil ao culto, às rezas, aos jejuns, cheia de admiração pelo Jesus poético, revolucionário, amigo dos pobres, e "pelo sublime espírito de Deus que enche todo o Universo"! Só desde que amava Amélia é que ouvia missa, para agradar à S. Joaneira." Desejava apressar o casamento para tirar Amélia daquela sociedade de beatas e padres. Chegara mesmo a reclamar das maneiras como Amélia tratava o padre Amaro, mas a moça reagiu, prometendo afastar-se do antigo hóspede. Isso tranqüilizou João Eduardo.

Amélia procurou disfarçar o que lhe ia no coração, mas não conseguiu de todo. Sentia que as amigas da mãe faziam-na inclinar-se para o padre pela admiração que demonstravam pelo mesmo. Todas achavam que João Eduardo não servia para nada. Amélia nem procurava mais disfarçar a sua indiferença pelo rapaz que, por sua vez, percebera tudo e já trazia na alma toda sua certeza quanto à atração que Amélia sentia pelo pároco.

Uma tarde, João Eduardo falou a Amélia diante da botica, dizendo-lhe que aquilo não podia continuar daquele jeito pois ela trazia namoro com o pároco. Amélia disse estar insultada e tentou sair, mas foi detida por um comovido João Eduardo. Amélia jurou pela salvação dela e ameaçou-o de contar todo o insulto à mãe.

Nessa mesma noite, Amélia disse a Amaro que precisavam ter cautela... "Não olhe tanto para mim nem esteja tão chegado...

Já houve quem reparasse." Amaro recuou a cadeira para junto de D. Maria da Assunção, mas não conseguiu despregar os olhos de Amélia. Esta, perguntada depois do chá, não quis dizer quem desconfiara, preferindo dizer que tinha medo e que precisava disfarçar. Depois disso, cessaram as olhadelas doces, a proximidade à mesa e os segredos. Sentiam prazer em afetar maneiras frias. "Era para Amélia delicioso - enquanto o padre Amaro afastado tagarelava com as senhoras - adorar a sua presença, a sua voz, as suas graças, com os olhos castamente aplicados às chinelas de João Eduardo que muito astutamente recomeçara a bordar."[234]

João Eduardo amargurava-se ao encontrar o padre ali todas as noites, gozando a veneração das velhas. Amélia portava-se bem e era-lhe fiel, mas ele sabia que o pároco a desejava. "Saía todas as noites da Rua da Misericórdia mais apaixonado, com a vida estragada de ciúmes, odiando os padres, sem coragem para desistir." Punha-se a andar pelas ruas até tarde. Dirigia-se, devagar, à redação da Voz do Distrito.

COMENTÁRIOS: Amaro voltou a conviver com a S. Joaneira e reaproximou-se de Amélia, cada vez mais apaixonado e incapaz de esconder seus sentimentos. Essa paixão atormentava-o, fazendo que amaldiçoasse o celibato diante da impossibilidade de assumir seu sentimento por Amélia e por fim tê-la como desejava. Também João Eduardo sentia-se atormentado pelos ciúmes, porque era o único que percebia as atenções de Amélia para com o padre e os olhares deste para a moça.

X Agostinho Pinheiro era parente de João Eduardo e redator da Voz do Distrito. Chamado Raquítico, por causa de uma corcunda no ombro, era um indivíduo indecente, sujo e imoral. Em troca de quinze mil-réis por mês e casa de habitação na redação, dirigia o jornal de oposição ao senhor governador civil. O doutor Godinho era o responsável pelos informes que o Agostino redigia com os insultos, as calúnias e as alusões maldosas. Prudêncio escrevia o folhetim literário sob o título de Palestras Leirienses. Este era um moço muito honrado, que sentia repulsa pelo Agostinho, mas que tinha gula de publicidade.

"João Eduardo reconhecia que o Agostinho era "um trastezito"; não se atreveria a passear com ele de dia nas ruas; mas gostava de ir para a redação, alta noite, fumar cigarros, ouvir o

Agostinho falar de Lisboa, do tempo que lá vivera empregado na redação de dois jornais, no teatro da Rua dos Condes, numa casa de penhores, e em outras instituições. Estas visitas eram segredo!"

Agostinho não suportava Leiria, pois tinha que se manter afastado de Lisboa. Aproveitava a hostilidade do doutor Godinho contra a padraria, para derramar seu fel em artigos. Certa noite, João Eduardo encontrou Agostinho entusiasmado com um artigo que era uma declamação contra o clero e o elogio do doutor Godinho. "Depois de celebrar as virtudes do doutor, "esse tão respeitável chefe de família" e a sua eloquência no tribunal que "arrancara tantos desventurados ao cutelo da lei", o artigo, tomando um tom roncante, apostrofava Cristo: - "Quem te diria a ti (bradava Agostinho), ó imortal Crucificado! quem te diria, quando do alto do Gólgota expiravas exangue, quem te diria que um dia, em teu nome, à tua sombra, seria expulso dum estabelecimento de caridade o doutor Godinho, - a alma mais pura, o talento mais robusto..." Depois conclamava os filhos do século XIX às armas pelo progresso e contra a Igreja.

João Eduardo comentou que o clero queria arrastá-los aos funestos tempos do obscurantismo. A frase surpreendeu o jornalista, que incitou João Eduardo a escrever alguma coisa também.

"— E eu, Agostinho, eu é que te escrevia uma desanda aos padres... E eu tocava-lhes os podres. Eu é que os conheço!...

Agostinho instou logo com ele para que escrevesse a desanda.

— Vem a calhar, menino!"

O doutor Godinho recomendara a Agostinho na véspera para contar ou inventar qualquer escândalo contra os padres.

Apesar de temer ser descoberto, João Eduardo aproveitou-se do fato do padre Amaro dizer sorrateiramente um segredinho a Amélia para aparecer de tarde na redação, trazendo cinco largas tiras de papel. Era o artigo Os modernos fariseus. O artigo era um vingativo ataque ao cônego Dias, ao padre Brito, ao padre Amaro e ao padre Natário, ainda que não os mencionasse.

Mesmo o doutor Godinho achou o artigo muito forte, não queria provocar ódios desnecessários entre os padres, já que previa uma reconciliação com os padres. Determinou que não fosse publicado como artigo da redação, mas como comunicado. Assim, no domingo seguinte, o artigo saiu assinado por Um liberal.

Durante toda a manhã de domingo, Amaro ocupara-se em compor uma carta a Amélia, já que esta não respondera ao bilhete que lhe dera uma noite, à mesa do quino, propondo que se encontrassem em lugar discreto a sós.

"Ameliazinha do meu coração, (escrevia ele) não posso atinar com as razões maiores que a não deixaram responder ao bilhetinho que lhe dei em casa da senhora sua mamã; pois que era pela muita necessidade que tinha de lhe falar a sós, e as minhas intenções eram puras, e na inocência desta alma que tanto lhe quer e que não medita o pecado.

Deve ter compreendido que lhe voto um fervente afeto, e pela sua parte me parece, (se não me enganam esses olhos que são os faróis da minha vida, e como a estrela do navegante) que também tu, minha Ameliazinha, tens inclinação por quem tanto te adora; pois que até outro dia, quando o Libaninho quinou com os seis primeiros números, e que todos fizeram tanta algazarra, tu apertaste-me a mão por baixo da mesa com tanta ternura, que até me pareceu que o Céu se abria e que eu sentia os anjos entoarem o Hossana! Por que não respondeste pois? Se pensas que o nosso afeto pode ser desagradável aos nossos anjos da guarda, então te direi que maior pecado cometes trazendo-me nesta incerteza e tortura, que até na celebração da missa estou sempre com o pensar em ti, e nem me deixa elevar a minha alma no divino sacrifício. Se eu visse que este mútuo afeto era obra do tentador, eu mesmo te diria: oh, minha bem amada filha, façamos o sacrifício a Jesus, para lhe pagar parte do sangue que derramou por nós! Mas eu tenho interrogado a minha alma e vejo nela a brancura dos lírios. E o teu amor também é puro como a tua alma, que um dia se unirá à minha, entre os coros celestes, na bem-aventurança. Se tu soubesses como eu te quero, querida Ameliazinha, que até às vezes me parece que te podia comer aos bocadinhos! Responde pois e dize se não te parece que poderia arranjar-se a vermo-nos no Morena, pela tarde. Pois eu anseio por te exprimir todo o fogo que me abrasa, bem como falar-te de coisas importantes, e sentir na minha mão a tua que eu desejo que me guie pelo caminho do amor, até aos êxtases duma felicidade celestial. Adeus, anjo feiticeiro, recebe a oferta do coração do teu amante e pai espiritual,

Amaro."

Depois do jantar, copiou a carta e foi à Rua da Misericórdia. Logo da escada ouviu a voz aguda de Natário, discutindo. Nem bem Amaro chegou e Natário foi ter com ele, perguntando o que lhe parecia. Amaro nada sabia, já que não havia lido o artigo. O cônego Dias leu o artigo: "Mas pensam os leitores que os fariseus morreram? Como se enganam! Vivem! conhecemo-los nós; Leiria está cheia deles, e vamos apresentá-los aos leitores..." Amaro exclamava em vários momentos da leitura . O padre Brito foi o primeiro a ser atacado e não se dominava, ameaçando rachar de meio a meio o doutor Godinho, que era o dono do jornal. Depois o artigo sugeria que o padre Natário era a víbora mais daninha da diocese e que cultivava "com cuidado duas rosas do seu canteiro.[235]" Como no caso do padre Brito, Natário reagiu com indignação. Em seguida o cônego prosseguiu com voz imperturbável a leitura com a crítica à sua pessoa: "...Cônego bojudo e glutão, antigo caceteiro do Sr. D. Miguel, que foi expulso da freguesia de Ourém, outrora mestre de Moral num seminário e hoje mestre de imoralidade em Leiria..." Amaro exaltou-se, achando aquilo infame, mas o cônego disso que aquilo não o preocupava. Foi interrompido pela irmã com quem acabou discutindo. D. Josefa passou mal. Amélia, a Sra. D. Maria da Assunção e a Gansoso surda foram acalmar a D. Josefa. Os padres ficaram a sós. O cônego disse agora era a vez de Amaro: "... Mas o perigo são certos padres novos e ajanotados[236], párocos por influências de condes da capital, vivendo na intimidade das famílias de bem onde há donzelas inexperientes, e aproveitando-se da influência do seu sagrado ministério para lançar na alma da inocente a semente de chamas criminosas!

— Pouca vergonha! murmurou Amaro lívido.

... Dize, sacerdote de Cristo, onde queres arrastar a impoluta virgem? Queres arrastá-la aos lodaçais do vício? Que vens fazer aqui ao seio desta respeitável família? Por que rondas em volta da tua presa, como o milhafre[237] em torno da inocente pomba? Para trás, sacrílego! Murmuras-lhe sedutoras frases, para a desviares do caminho da honra; condenas á desgraça e á viuvez algum honrado moço que lhe queira oferecer a sua mão trabalhadora; e vais-lhe preparando um horroroso futuro de lágrimas. E tudo para quê? Para saciares os torpes impulsos da tua criminosa lascívia[238]...

— Que infame! rosnou com os dentes cerrados o padre Amaro."

Amaro sugeriu que se dirigissem à autoridade. Natário deveria ir ao secretário-geral. Depois, ouvindo a voz da Sra. Joaquina Gansoso subindo a escada, o cônego aconselhou que não falarem mais naquilo. Apenas Amélia entrou, Amaro disse estar com uma forte dor de cabeça e despediu-se das senhoras, recusando esperar pelo chá.

"O secretário-geral, o Sr. Gouveia Ledesma, antigo jornalista, e, em anos mais expansivos, autor do livro sentimental Devaneios de um Sonhador, estava então dirigindo o distrito na ausência do governador civil." Gouveia recebeu o padre Natário imediatamente, tentando agradar em sua conversa, pois considerava que quem estava metido na política deveria ter por si a padraria. Natário pediu uma atitude contra o jornal, porque a autoridade tinha o dever de proteger a religião do Estado, e implicitamente os seus sacerdotes. Vinha em nome do clero pedir que suspendesse o jornal. Gouveia defendeu a liberdade de imprensa como um princípio sagrado. Natário aproveitou para tentar uma chantagem sugerindo o auxilio do clero para as autoridades durante as eleições, mas Gouveia recusou, dizendo que não trairia a civilização em troca de alguns votos. Natário lembrou que o doutor Godinho, a alma do jornal, era oposição. Gouveia argumentou que entre o doutor Godinho e o governo civil não havia inimizade, mas apenas um arrufo[239]. Afirmou que deveria respeitar a expressão do pensamento e que desejava, como filho fervoroso da Igreja, uma religião liberal, de harmonia com o progresso, com a ciência.

Natário correu à Sé e comunicou Amaro de que nada conseguira.

"— Um patarata[240]! resumiu o padre Natário com um grande gesto. Pela autoridade não se faz nada. É escusado... Mas a questão agora é entre mim e o liberal, padre Amaro! Eu hei-de saber quem é, padre Amaro! E quem o esmaga sou eu, padre Amaro, sou eu!..."

João Eduardo triunfava, colhendo em silêncio as glórias do artigo. Se não receasse escandalizar a S. Joaneira, desejaria dizer bem alto que fora ele o autor. Agostinho encomendara outro artigo. O doutor Godinho elogiou João Eduardo pessoalmente, prometendo seu emprego no governo civil para o mês seguinte. João Eduardo saiu alegre do encontro. Não conseguiu copiar uma procuração e aproveitou a ausência do Nunes para ir à casa da S.

Joaneira, para quem contou que estivera com o doutor Godinho e que teria o seu emprego para o mês seguinte. Bastava Amélia aceitar, e se casariam. A S. Joaneira mostrou-se muito satisfeita, porque lhe tiraria um peso do coração. Depois disso a mulher passou a falar do comunicado e perguntou a opinião do rapaz, que representou cinicamente seu papel, afirmando que a familiaridade de Amélia com o padre podia ter dado o que falar. O artigo deixara a S. Joaneira aflita, porque ele podia acreditar e desfazer o casamento, mas ele disse não se importar com o artigo e pediu a mão de Amélia em casamento. Ficou de voltar na noite seguinte para falar a Amélia.

A S. Joaneira esperou Amélia voltar do Morenal para dizer que João Eduardo estivera lá e que queixara-se do artigo, mas que não se atrevia a falar a Amélia. Ela disse que eram calúnias, mas que a filha sabia "o que são línguas do mundo". "O que te posso dizer é que o rapaz não acreditou no periódico. Que era isso que me dava cuidado!... Credo! tirou-me o sono... Mas não, diz que não lhe importa o artigo, que te quer da mesma maneira, e está a arder por que se faça o casamento... E eu por mim o que fazia, para calar toda essa gente, era casar-me já. Eu bem sei que tu não morres por ele, bem sei. Deixa lá! Isso vem depois. O João é bom rapaz, vai ter o emprego...

— Vai ter o emprego!?

— Pois foi o que ele me veio dizer também... Esteve com o doutor Godinho, diz que lá para o fim do mês está empregado... Enfim tu fazes o que entenderes... Que olha que eu estou velha, filha, posso faltar-te dum momento para o outro!..."

COMENTÁRIOS: O capítulo traz as primeiras conseqüências do escândalo causado pelo artigo de João Eduardo e a reação do clero de Leiria diante das denúncias. Os falsos pudores dos padres diante da revelação de suas imoralidades mostram a hipocrisia que dominava o clero lusitano, confirmando o anticlericalismo da presente obra. Outro aspecto que merece ser mencionado é a atitude da S. Joaneira, que mentiu sobre o comportamento de João Eduardo para agilizar o casamento da filha com o rapaz. No fundo, ela mesma parecia preocupada com o fato da filha estar muito íntima do padre Amaro.

Amélia sabia que o artigo referia-se a ela. Atordoara-se e torturava-a o vexame de ver assim o seu amor publicado no jornal. Sua reputação estava estragada e também o seu amor. Sentiu os risinhos que a acompanharam quando foi ao Morenal e o desgosto da mãe. Havia falatório. Seu amor pelo pároco, que até ali parecia-lhe natural, agora era-lhe monstruoso. Entretanto, sentia a ausência do padre Amaro das reuniões como uma traição.

"Passou uma noite agoniada, e sem chorar. A sua paixão pelo pároco flamejava mais irritada; e todavia detestava-o pela sua cobardia. Mal uma alusão num jornal o picara, ficara a tremer na sua batina, apavorado, não se atrevendo sequer a visitá-la - sem se lembrar que também ela se via diminuída na sua reputação, sem ser satisfeita no seu amor!" Pensou em ir à Rua das Sousas "atirar-se-lhe aos braços, instalar-se-lhe no quarto, fazer um escândalo que o obrigasse a fugir da diocese... Por que não? Eram novos, eram robustos, poderiam viver longe, noutra cidade, - e a sua imaginação começou a repastar-se logo histericamente nas perspectivas deliciosas dessa existência, em que se figurava constantemente a dar-lhe beijos! Através da sua intensa excitação, aquele plano parecia-lhe muito prático, muito fácil: fugiriam para o Algarve; lá, ele deixaria crescer o cabelo (que mais bonito seria então!) e ninguém saberia que era um padre; poderia ensinar latim, ela coseria para fora; e viveriam numa casinha - onde o que mais a atraia era o leito com as duas travesseirinhas chegadas... E a única dificuldade que via em todo este plano radiante, era fazer sair de casa, ás escondidas da mãe, o baú com a sua roupa! - Mas quando acordou, essas resoluções mórbidas, à luz clara do dia, desfizeram-se como sombras: tudo aquilo que parecia agora tão impraticável, e ele tão separado dela, como se entre a Rua da Misericórdia e a Rua das Sousas se erguessem inacessivelmente todas as montanhas da Terra. Ai, o senhor pároco abandonara-a, era certo! Não queria perder os lucros da sua paróquia nem a estima dos seus superiores!... Pobre dela! Considerou-se então para sempre infeliz e desinteressada da vida. Guardou, todavia, muito intenso, o desejo de se vingar do padre Amaro."

Também João Eduardo não aparecera na Rua da Misericórdia, voltava-lhe as costas, o que pouco a incomodava. "Só lamentava a deserção de João Eduardo, porque perdia assim um meio sempre pronto de fazer enraivecer o padre Amaro..." Amélia sabia que precisava se casar com João Eduardo, mas chorava a perda do amor do padre Amaro. Depois de conversar com a mãe, que lhe aconselhou começar o enxoval e casar-se no fim do mês, rascunhou uma carta para João Eduardo.

"SR. JOÃO EDUARDO.

A mamã cá me pôs ao fato da conversação que teve consigo. E se a sua afeição é verdadeira, como creio e me tem dado muitas provas, eu estou pelo que se decidiu com muito boa vontade, pois conhece os meus sentimentos. E a respeito de enxoval e papéis, amanhã se falará, pois que o esperamos para o chá. A mamã está muito contente e eu desejo que tudo seja para nossa felicidade, como espero há-de ser, com a ajuda de Deus. A mamã recomenda-se e eu sou

a que muito lhe quer,

Amélia Caminha".

Sentiu vontade de escrever ao padre Amaro, mas não tinha quem entregasse a carta. Sentia por separarem-se em silêncio, mas contentava-se ao pensar que veria o padre e poderia tê-lo como seu confessor, "e aquilo seria casto, muito picante, e para a glória de Deus". A ruça levou a carta para João Eduardo.

A S. Joaneira olhava a filha admirando seu ânimo com a possibilidade do casamento. João Eduardo veio logo que recebeu a carta. A S. Joaneira deixou os dois a sós. João Eduardo confirmou que Amélia queria casar-se com ele. "Atraiu-a então a si, subitamente, beijou-lhe os lábios; ela teve um soluçozinho, abandonou-se-lhe entre os braços, toda fraca, toda lânguida.."

O cônego Dias participou ao padre Amaro o casamento de Amélia, aproveitando para convidar Amaro para aparecer, porque a patifaria do jornal estava esquecida.

Amaro ficou indignado, contendo-se para não praguejar alto pelas ruas. Encontrou-se com Natário que lhe disse ainda não ter descoberto o autor do artigo. Amaro perguntou se sabia do casamento de Amélia. Natário contou que o rapaz apanhou o emprego, arranjado pelo doutor Godinho.

"Depois daquele terrível domingo em que aparecera o Comunicado, o padre Amaro, ao principio, muito egoistamente, apenas se preocupara com as conseqüências - "conseqüências fatais, Santo Deus!" - que lhe podia trazer o escândalo. Hem! se pela cidade se espalhasse que era ele o padre ajanotado[241] que o liberal apostrofava! Viveu dois dias aterrado, tremendo de ver aparecer o padre Saldanha, com a sua cara ameninada e voz melíflua, a dizer-lhe "que sua excelência o senhor chantre reclamava a sua presença"! Passava já o tempo preparando explicações, respostas hábeis, lisonjas a sua excelência. - Mas quando viu que, apesar da violência do artigo, sua excelência parecia disposto "a fazer a vista grossa", ocupou-se então, mais tranqüilo, dos interesses do seu amor tão violentamente perturbados. O medo tornava-o astucioso; e decidiu não voltar algum tempo à Rua da Misericórdia."

Amaro combinaria com Amélia uma maneira melhor de falarem-se, evitando as familiaridades em público. A notícia do casamento causou-lhe desespero, pois seus planos estavam frustrados. Sentiu mais ódio de Amélia, do que de João Eduardo. "Queria vê-los cheios de filhos, sem pão na prateleira, com o último cobertor empenhado, ressequidos de fome, injuriando-se, — e ele a rir-se, ele a regalar-se!..."

COMENTÁRIOS: Os planos de João Eduardo parecem seguir o caminho almejado, enquanto Amaro martiriza-se com a perda da amada para um pobre escrevente. Sem dúvida, a ousadia anônima do escrevente contrapôs-se à covardia excessiva de Amaro.

Na segunda-feira, Amaro foi à Rua da Misericórdia. A S. Joaneira estava embaixo na saleta com o cônego Dias e estranhou o sumiço do pároco. Amaro disse já saber da novidade. Sorriu ao escutar Amélia ao piano tocando a valsa dos Dois Mundos. "João Eduardo, muito chegado a ela, voltava as folhas da música." Amélia perguntou à Ruça quem entrara. Esta gritou que foi o Sr. padre Amaro.

"Um fluxo de sangue abrasou-lhe o rosto - e o coração batia-lhe tão forte, que ficou um momento com os dedos imóveis sobre e teclado." João Eduardo rosnou que não se precisava lá do padre Amaro. Amélia teve ódio ao escrevente. Mesmo depois de casada não deixaria de amar o padre Amaro. "Não sentia naquele momento escrúpulos; e quase desejava que o escrevente lhe visse no rosto a paixão que a revolvia." Mandou que João Eduardo chegasse um pouco mais para lá, pois nem a deixava com os braços livres para tocar. Terminou bruscamente a valsa e começou a cantar o Adeus, dirigindo-o ao coração do pároco, embaixo. O padre devorava todos os tons da voz dela.

O cônego resolveu que deveriam subir para não deixar os noivos a sós. Amaro tremia ao subir a escada. Apertou as mãos dos noivos e deu os parabéns, mas não conseguiu olhar para Amélia. Foi conversar com o cônego. Amélia sentiu que Amaro queria descartar-se dela, o ingrato. Para provocar Amaro, começou a cochichar ternamente com o escrevente, com risinhos, segredinhos. Eles tentaram tocar uma peça a quatro mãos; depois ela beliscou-o, ele deu um gritinho exagerado. Amaro folheava um velho álbum. A chegada de Natário interrompeu-os. Natário queria dar uma palavra ao senhor cônego.

O cônego chamou o padre Amaro para baixo e também a S. Joaneira. O padre Brito fora transferido para o pé de Alcobaça. O senhor chantre estava decidido a "reformar os costumes do clero diocesano".

O cônego pareceu mais preocupado com o chá do que com as notícias. Amaro tentou retirar-se para casa depois do chá, mas a S. Joaneira não quis consentir. O cônego anunciou que ele e Amaro estavam de saída. Amaro apertou silenciosamente a mão de Amélia. Os três padres desceram calados. À porta, o cônego confessou aos colegas que não quis assustar a pobre senhora, mas que aquilo do chantre era o diabo. Os três seguiram sob o guarda-chuva do cônego, chapinhando nas poças d'água.

XI Alguns dias depois, os freqüentadores da botica viram espantados o padre Natário e o doutor Godinho conversando em harmonia à porta da loja de ferragens do Guedes. "O cirurgião da Câmara porém não estranhava aquele "comércio de amizade". Segundo ele, o último artigo da Voz do Distrito, evidentemente escrito pelo doutor Godinho (era o seu estilo incisivo, cheio de lógica, atulhado de erudição!), mostrava que a gente da Maia se queria ir aproximando da gente da Misericórdia." Um indivíduo obeso, o amigo Pimenta vira, na véspera, o padre Natário saindo da redação da Voz do Distrito e o patife do Agostinho fazer grande barretada [242] ao padre Natário.

Daí a dias, Natário procurou Amaro na sacristia da Sé para contar que João Eduardo era o autor do comunicado e era íntimo do Agostinho, estando metido na redação até altas horas da noite. Amaro fingiu preocupação com o casamento de Amélia com um patife daqueles. Natário afirmou que a moça não se casaria com um homem daqueles, um perdido. O cônego Dias deveria falar à S. Joaneira. Amaro queria dizer a Amélia que o desavergonhado vivia com uma rapariga, mas fingiu pudores. Natário afirmou que o rapaz era capaz de tudo e "depois é um meio de levar a pequena". Tinha ainda um golpe de misericórdia, desmancharia o arranjo de nomear João Eduardo para o emprego no governo civil e demiti-lo do cartório, pois queria ver o rapaz pelas ruas a pedir um bocado de pão.

Amaro tinha um dever delicioso a cumprir. Justificava-se com seus deveres de sacerdote, que agora coincidiam com os da amante. Sonhou com Amélia toda a noite. "Tinha fugido com ela: e ia-a levando por uma estrada que conduzia ao Céu! O diabo perseguia-o; ele via-o, com as feições de João Eduardo, soprando e rasgando com os cornos os delicados seios das nuvens. E ele escondia Amélia no seu capote de padre, devorando-a por baixo de beijos! Mas a estrada do Céu não findava. - "Onde é a porta do paraíso?" perguntava ele a anjos de cabeleiras de ouro que passavam, num doce rumor de asas, levando almas nos braços. E todos lhe respondiam: - "Na Rua da Misericórdia, na Rua da Misericórdia número nove!" Amaro sentia-se perdido..." No final, era condenado ao inferno. "Acordou banhado em suor."

"Nessa noite João Eduardo, indo da Praça para casa da S. Joaneira, ficou assombrado, ao ver aparecer à outra boca da rua, do lado da Sé, o Santíssimo em procissão." Todos iam para a casa da S. Joaneira. O sino da Sé repicava. A irmã entrevada da S. Joaneira estava muito mal e mandaram dar a extrema-unção. A S. Joaneira e Amélia rezavam ajoelhadas. O padre Amaro exortava a entrevada a que se abandonasse à Misericórdia divina, depois, ergueu, "molhou o dedo nos santos óleos; murmurando as expressões penitentes do ritual ungiu os olhos, o peito, a boca, as mãos - que há dez anos só se moviam para chegar a escarradeira, e as plantas dos pés que há dez anos só se aplicavam a buscar o calor da botija. E depois de queimar as bolinhas de algodão úmidas de óleo, ajoelhou-se, ficou imóvel, com os olhos postos no Breviário."

Amaro prometeu voltar mais tarde. O cônego Dias preferiu retirar-se para evitar qualquer problema de saúde. a S. Joaneira não se sentia bem, com ameaças de enxaqueca. Amaro voltou às onze horas. Amélia foi abrir-lhe a porta. Os dois entraram no quarto da entrevada. A Ruça rezava a coroa. Voltaram à sala de jantar. Por causa do frio, acabaram indo para a cozinha. Amaro aproveitou para falar a Amélia sobre o afastamento causado pelo infame Comunicado, contou que João Eduardo era o autor. Falou ainda das noitadas com o Agostinho, das suas injúrias contra os padres. Há seis anos não se confessava. Depois de atacar o rapaz, fazendo-se amigo da casa, perguntou se ela queria casar-se com aquele homem. Chegou ao exagero de dizer que para bem da alma dela, antes queria vê-la morta do que ligada àquele homem. "Case com ele, e perde para sempre a graça de Deus!"

Aproveitando-se do choro de Amélia, tomou-lhe a mão e esfregou-a, apertou-a devagarinho e com voz dum ardor brusco perguntou se ela se importava com o rapaz. Amélia respondeu que não. Perguntou se ela gostava de outro. "Passou-lhe o braço sobre o ombro, atraindo-a docemente. Ela tinha as mãos abandonadas no regaço; sem se mover voltou devagar para ele os olhos resplandecentes sob uma névoa de lágrimas; e entreabriu devagar os lábios, pálida, toda desfalecida. Ele estendeu os beiços a tremer - e ficaram imóveis, colados num só beijo, muito longo, profundo, os dentes contra os dentes." Foram interrompidos pelo grito da Ruça. A entrevada falecera.

João Eduardo viera para saber se havia novidade. Estranhara a presença do padre, que comunicou a morte da pobre senhora. O rapaz quis saber se precisavam dele. Amaro disse as senhoras iam-se deitar.

Depois de despachar João Eduardo, Amaro subiu. As duas senhoras acomodaram-se no quarto da S. Joaneira, pois queriam dormir juntas. Amaro voltou ao quarto da morta, acomodou-se numa cadeira e começou a ler o Breviário. Mais tarde, sentiu sono e veio à sala de jantar para um cálice de vinho do Porto. Ouviu passos de botas fortes que iam e vinham na rua. "Era João Eduardo que rondava a casa, furioso."

COMENTÁRIOS: Nesse capítulo encontramos uma crítica quanto à aproximação entre adversários políticos por causa de interesses. Todo o confronto entre o clero de Leiria e o doutor Godinho não passava realmente de distanciamento temporário. Agostinho chegou a trair João Eduardo e mostrar ao padre Natário o manuscrito do Comunicado. Amaro, com essa revelação e o esquecimento do chantre, encontrou a chance de aproximar-se de Amélia, que deixou claro seu interesse pelo padre.

XII A Sra. D. Josefa Dias chegou da missa e ficou surpreendida com a visita do padre Amaro. A velha senhora já sabia que João Eduardo era o autor do infame artigo, pois Natário contara-lhe tudo. Amaro soube que o casamento de Amélia seria desmanchado e aproveitou para falar mal do rapaz e sutilmente incitar dona Josefa para convencer Amélia a trocar o padre Silvério por ele como seu confessor. Suas palavras e a falsa modéstia causaram uma profunda admiração. Perguntou pelo cônego, que tocou nesse momento a campainha.

O cônego Dias vinha nervoso, porque lhe roubaram uma porção de cebolinho. Reclamou da falta de polícia. Amaro retomou o caso do João Eduardo. O cônego arremessou-se "com impudência contra as reputações, os princípios da Igreja, a honra das famílias e o cebolinho do clero". Ao sair, Amaro renovou as suas recomendações a D. Josefa para que não fizesse nada naquela noite, porque era dia de pêsames, mas deveria falar com dureza a Amélia no dia seguinte.

Todos estiveram presentes à casa da S. Joaneira. João Eduardo ficou isolado num canto, ignorado. Amaro e o cônego Dias vieram às nove horas. "Como não restavam cadeiras, os dois eclesiásticos sentaram-se aos dois cantos do canapé, tendo no meio a S. Joaneira e Amélia em lágrimas. Eram assim reconhecidos pessoas de família; a Sra. D. Maria da Assunção notou baixinho a D. Joaquina Gansoso:

— Ai, até dá gosto vê-los assim todos quatro!"

João Eduardo tossia, porque estava constipado. D. Josefa Dias disse a todos que ele "tossia só para fazer troça e para achincalhar o respeito aos mortos".

Dois dias depois, às oito horas da manhã, D. Josefa Dias e Amélia entraram na Sé para que a moça se confessasse com o padre Amaro. Dona Josefa foi até a botica esperar pela afilhada. Ao voltar, Amélia ainda estava no confessionário.

COMENTÁRIOS: Amaro aproveitou-se da situação e convenceu dona Josefa a falar com Amélia para que o tomasse por confessor, dando assim continuidade a seus planos de estar a sós com Amélia. Sua perda absoluta de escrúpulos ficou patente desde esse episódio.

XIII João Eduardo foi à noitinha à casa da Rua da Misericórdia. A Ruça entregou uma carta de Amélia:

"SR. JOÃO EDUARDO.

O que estava decidido a respeito do nosso casamento era na persuasão que era V. Sa. uma pessoa de bem e que me poderia fazer feliz, mas como se sabe tudo, e que foi o senhor que escreveu o artigo do Distrito, e caluniou os amigos da casa e me insultou a mim, e como os seus costumes não me dão garantia de felicidade na vida de casada, deve desde hoje, considerar tudo acabado entre nós, pois não há banhos publicados nem despesas feitas. E eu espero, bem como a mamã, que o senhor seja bastante delicado para não nos voltar a casa, nem perseguir-nos na rua. O que tudo lhe comunico por ordem da mamã, e sou

criada de V. Sa.

Amélia Caminha".

João Eduardo custou a acreditar. Quando tomou consciência de que perdera Amélia para sempre, apertou as fontes entre as mãos. Queria saber quem descobrira que ele era o autor do artigo. Correu à redação da Voz do Distrito. Agostinho lia os jornais de Lisboa. João Eduardo acusou-o de tê-lo traído. Agostinho jurou nada ter dito. Contou sobre a visita do padre Natário e mandou o rapaz entender-se com o doutor Godinho. João Eduardo caminhou ao acaso pelas ruas. Depois de um bom tempo, foi para a Rua da Misericórdia. Viu acender a luz do quarto de Amélia. Desejou furiosamente a moça. Acabou fugindo para casa, prostrando-se sobre a cama; "depois uma saudade indefinida, profunda, foi-o amolecendo, e chorou muito tempo, enternecendo-se mais com o som dos seus próprios soluços, - até que ficou adormecido, de bruços, numa massa inerte".

Ao outro dia, cercou Amélia ao pé do Arco, querendo falar-lhe. Amélia recuou assustada, recusando-se a ouvir. Ele alegou que o artigo foi escrito por ciúmes, mas que os maus costumes eram uma calúnia, pois sempre fora um homem de bem. Amélia disse que o padre Amaro é que o conhecia bem. João Eduardo fez-se lívido de raiva ao ouvir o nome do padre. Amélia pediu que a deixasse passar e refugiou-se na loja do Fernandes.

João Eduardo procura o doutor Godinho para contar o seu drama. O advogado, entretanto, disse nada poder fazer, senão lamentar, e ainda repreendeu o rapaz por acusar o padre Amaro por desencaminhar a moça. João Eduardo sugeriu que o doutor Godinho tivesse contado sobre a autoria do Comunicado. O doutor pulou de indignação na sua cadeira.

"— Que quer o senhor insinuar? Quer-me dar a entender que fui eu que o disse? Não disse... Isto é, disse; disse-o a minha mulher, porque numa família bem constituída não deve haver segredos entre esposo e esposa. Ela perguntou-me, disse-lho... Mas suponhamos que fui eu que o espalhei pelas ruas. De duas uma: ou o Comunicado era uma calúnia, e então sou eu que devo acusá-lo de ter poluído um jornal honrado com um acervo de difamações; ou era verdade, e então que homem é o senhor que se envergonha das verdades que solta e que não se atreve a manter á luz do dia as opiniões que redigiu na escuridão da noite?" Deu conselhos ao rapaz, para que não se deixasse levar pelas paixões.

João Eduardo saiu indignado do escritório, julgando-se traído pelo doutor. Desejou vingar-se dos padres, dos ricos, e da religião que os justifica. Voltou muito decidido ao escritório e pediu ao doutor Godinho que lhe desse licença para desabafar no jornal. Godinho ficou indignado com a audácia do escrevente, que pretendia transformar um jornal de idéias num jornal de difamações.

"— O senhor está ébrio! Cuidado, meu caro amigo, cuidado, olhe que vai por um declive! É por esse caminho que se chega a perder o respeito da autoridade, da lei, das coisas santas e do lar. É por esse caminho que se vai ao crime! Escusa de arregalar os olhos... Ao crime, digo-lho eu! Tenho a experiência de vinte anos de foro. Homem, detenha-se! Refreie essas paixões. Safa! Que idade tem o senhor?

— Vinte e seis anos.

— Pois não há desculpa para um homem de vinte e seis anos ter essas idéias subversivas. Adeus, feche a porta. E escute. Escusa de pensar em mandar outro Comunicado para outro qualquer jornal. Não lho consinto, eu que o tenho protegido sempre! Havia de querer fazer espalhafato... Escusa de negar, estou-lho a ler nos olhos. Pois não lho consinto! É para seu bem, para lhe poupar uma má ação social!"[243]

João Eduardo saiu acabrunhado. Sentia vontade de demolir o pároco aos murros. Acreditava que se Amélia estivesse livre das influências dos padres, correria logo aos seus braços, com lágrimas de reconciliação. Resolveu pedir ajuda ao doutor Gouveia. Alguns clientes esperavam pelo médico, que atendia duas senhoras. Quando finalmente chegou a sua vez, João Eduardo contou a sua história, insistindo sobretudo na perfídia do padre, exagerando a inocência de Amélia. O médico não via como ajudá-lo e discordou do fato de terem caluniado o rapaz. Para o médico, Amélia apenas comportou-se como um boa cristã, porque em sua visão tudo na vida das famílias "é regulado pela autoridade eclesiástica (abade, bispo ou cônego), aprovado ou censurado pelo confessor, aconselhado e ordenado pelo diretor da consciência. O bom católico, como a tua pequena, não se pertence; não tem razão, nem vontade, nem arbítrio, nem sentir próprio; o seu cura pensa, quer, determina, sente por ela. O seu único trabalho neste mundo, que é ao mesmo tempo o seu único direito e o seu único dever, é aceitar esta direção; aceitá-la sem a discutir; obedecer-lhe, dê por onde der; se ela contraria as suas idéias, deve pensar que as suas idéias são falsas; se ela fere as suas afeições, deve pensar que as suas afeições são culpadas."[244]

João Eduardo defendeu sua inocência quanto aos maus costumes, mas do doutor Gouveia mostrou que as virtudes para os padres estão ligadas aos atos religiosos: "outros personagens maiores que tu, cuja alma foi perfeita e cuja regra de vida foi impecável, têm sido julgados verdadeiros canalhas, porque não foram batizados antes de terem sido perfeitos. Hás-de ter ouvido falar de Sócrates, dum outro chamado Platão, de Catão, etc... Foram sujeitos famosos pelas suas virtudes. Pois um certo Bossuet, que é o grande chavão da doutrina, disse que das virtudes desses homens estava cheio o Inferno... Isto prova que a moral católica é diferente da moral natural e da moral social."

João Eduardo viu que o médico nada poderia fazer para ajudá-lo, mas admirou profundamente as palavras desse descrente, que valorizava acima de tudo a própria consciência.

COMENTÁRIOS: O final desse capítulo traduz a força da Igreja em suas ameaças quanto aos perigos do inferno contra os homens livres em suas consciências, mas pagãos segundo a visão católica.

XIV João Eduardo viu que só restava agüentar. Apressou-se para ir ao cartório, porque já passavam das três horas. Encontrou-se com o tipógrafo Gustavo, que o convidou para jantar. Resolveu faltar um dia ao cartório, já que não tinha comido desde a véspera. Foram à taberna do Osório. Depois de conversarem sobre política e novidades de Lisboa, Gustavo perguntou pelo casamento. João Eduardo evitou conversar diretamente sobre o assunto, apenas dizendo de sua tristeza. Gustavo era contra o casamento. João Eduardo "contou-lhe então a história do Comunicado - calando todavia que o escrevera num fogo de ciúmes, e apresentando-o como uma pura afirmação de princípios... E que notasse esta circunstância, ia então casar com uma rapariga devota, numa casa que era mais freqüentada por padres que a sacristia da Sé."

Depois de inteirar-se do assunto, Gustavo passou a olhar João Eduardo com respeito, considerando-o um paladino do livre pensamento. João Eduardo confidenciou todo o caso e mostrou a carta de Amélia. Gustavo sugeriu uma vingança, um folheto de vinte páginas. "João Eduardo entusiasmou-se. E diante daquela simpatia ativa de Gustavo, vendo nele um irmão, soltou as últimas confidências, as mais dolorosas. O que havia no fundo da intriga era a paixão do padre Amaro pela pequena, e era para se apoderar dela que o escorraçava a ele... O inimigo, o malvado, o carrasco - era o pároco!"

Os dois planejaram o folheto. Ambos escreveriam. Divergiam no estilo. O tipógrafo imprimiria em serões grátis. Entretanto, não sabiam como arrumar nove mil-réis para o papel. "Aquele perpétuo obstáculo do pobre, falta de dinheiro e dependência do patrão, que até para um folheto era estorvo, revoltou-os contra a sociedade." Gustavo falou de um clube republicano que havia em Lisboa. - "João Eduardo, que pensava com amargura que, quando a revolução viesse já seria tarde para recuperar a Ameliazinha..." O tio Osório apareceu com uma garrafa. "E correu a cortina, deixando os dois amigos em frente da garrafa cheia, aspirarem a uma Revolução que lhes permitisse - a um reaver a menina Amélia, a outro espancar o patrão Godinho."

Ao sair embriagado da taverna, João Eduardo foi para a Rua da Misericórdia. Discutiu com a Ruça porque esta dissera que as senhoras haviam saído. Ficou algum tempo esperando e voltou a repicar a campainha, mas ninguém apareceu. Partiu para os lados da Sé. No largo, parou diante da fachada da igreja. Ia seguir para os lados da alameda, quando apareceram no terraço da igreja o padre Silvério e o padre Amaro. Este demorou a ver João Eduardo. Pensou em voltar para a Sé, mas o portão estava fechado. João Eduardo arremessou com toda a força um murro no ombro de Amaro. Silvério gritou por ajuda. Um cabo de polícia correu da porta da administração e deu ordem de prisão contra o escrevente, agarrando-o pela gola. Todos correram para as portas e janelas para presenciarem o incidente. Amaro foi atendido pelo boticário, que aconselhou os dois sacerdotes a subirem para a sala para evitar a "curiosidade da populaça".

O padre Silvério argumentou que aquilo era o resultado de uma conspiração do rapaz contra a Igreja. O próprio boticário, Carlos, resolveu ir ao concelho depor. Diria que se tratava de uma vasta conspiração de ateus e republicanos contra o sacerdócio de Cristo. Não encontrou no concelho o aparato judicial que esperava. O senhor administrador mandou que trouxessem os padres. Nesse momento chegava Amaro e Silvério. Amaro pediu um particular com o senhor administrador. Carlos decepcionou-se com o descuido do administrador para com os perigos da revolução. Sua indignação ficou ainda maior com o resultado da conversa particular de Amaro, que intercedeu junto ao administrador para não prosseguir no processo, perdoando a tentativa frustrada de João Eduardo.

O administrador não deu qualquer explicação para o boticário, mas pediu que ele mandasse uma receita até as seis horas. Carlos voltou indignado para casa e mentiu para a esposa que dera sua opinião com firmeza.

A história da tentativa de assassinato correu de boca em boca. Muitos censuravam o administrador por não ter procedido como devia. Entretanto, Amaro era admirado como um santo. Até o chantre mandou-o chamar, elogiando sua atitude. Em casa da S. Joaneira, Amaro apareceu como um santo que escapou às feras do Circo ou à plebe de Diocleciano.[245] Amélia apertou-lhe ambas as mãos por muito tempo, toda trêmula, com os olhos úmidos. Amaro argumentou que fizera o que lhe inspirou o coração. Lembrara-se das palavras de Nosso Senhor Jesus Cristo: "ele manda oferecer a face esquerda depois de ter sido esbofeteado na face direita..." Até mesmo D. Gansoso, depois de dez longos anos de imobilidade sonolenta, que nada sacudira, perguntou a Amaro se doera. Este respondeu com bondade que quase nada.

Artur Couceiro apareceu com a novidade: o Nunes demitira o João Eduardo. A S. Joaneira ficou comovida. D. Maria da Assunção mandou que bebesse, se não tivesse o que comer. Amaro aproveitou para dizer que daria de coração algum dinheiro, já que não era rico, caso o rapaz viesse a sua porta. "Tanta santidade fanatizou as velhas. Que anjo! Olhavam-no, babosas, com as mãos vagamente postas. A sua presença, como a dum S. Vicente de Paula, exalando caridade, dava à sala uma suavidade de capela: e a Sra. D, Maria da Assunção suspirou de gozo devoto."[246]

Natário apareceu, radiante com as notícias sobre João Eduardo. Todos o reconheciam como o salvador da Ameliazinha, de Leiria, e da Sociedade.

Amélia confessou a Amaro que não conseguia sossegar com a idéia de que o rapaz sofresse necessidades. "Tira-me toda a alegria." Amaro disse-lhe que eram tolices, pois um homem não morre de fome em Portugal. Aproveitou para dizer que o perdoara e que Deus haveria de tomar aquilo em conta. "A clemência, a caridade do senhor pároco pareceram-lhe (a Amélia) melhores que tudo o que ouvira ou lera de santos e de monges piedosos." Depois disso Amélia sentiu que uma alegria plena e suave penetrava-a deliciosamente. Estiveram muito próximos durante toda a quina. Quando as senhoras se agasalhavam, Amaro aproveitou para murmurar no ouvido de Amélia: "- Oh filhinha, que te quero tanto! E não podermos estar sós..." Foram interrompidos pela voz de Natário, que exclamou com severidade como as senhoras deixavam ali um livro que pertencia a João Eduardo e aproveitou para dizer que ele estava excomungado por ter espancado um padre. O cônego Dias confirmou, citando várias bulas e legislações. D. Maria da Assunção exclamou que deveriam queimar tudo que pertencesse a João Eduardo. A Gansoso procurava com Amélia os objetos (livro, lenço e luva) que a moça tinha que pertenciam ao rapaz.

Os padres aproveitam a saída das mulheres que foram à cozinha queimar os objetos de João Eduardo, para regozijarem dos sentimentos das beatas. Acabaram não resistindo e foram até a porta da cozinha assistir.

COMENTÁRIOS: Nesse capítulo temos o desastre final de João Eduardo e a vitória do padre Amaro, que conseguiu terminar como um verdadeiro santo aos olhos das beatas que freqüentavam a casa da S. Joaneira e diante de Amélia. A excomunhão de João Eduardo e a queima de seus objetos representaram a conquista de todos os desejos de vingança de Amaro contra o rapaz. O clero devasso triunfou sobre o materialismo e a falta de fé.

XV Libaninho dá às senhoras a notícia de que Vicência, a criada do Padre Amaro, estava no hospital e que fora substituída pela Dionísia. Sugere que a S. Joaneira tome novamente o padre como seu hóspede. Amélia fez-se vermelha. D. Maria da Assunção também ficou escandalizada com a presença da Dionísia na casa do santinho. D. Maria da Assunção concordou logo com a proposta de Libaninho. Ela mesma gostaria de hospedá-lo, se não fosse só. D. Maria tinha uma verdadeira coleção de preciosidades religiosas.[247] "Aquela riqueza era a inveja das amigas, a edificação dos curiosos, e fazia sempre dizer ao Libaninho quando a vinha visitar, abrangendo a sala num olhar langoroso: — Ai, filha, é o reininho dos Céus!"

D. Josefa Dias estava apressada para a missa. Receberia o padre Amaro para o jantar. O cônego Dias mandou-a convidar Amélia para haverem duas damas e dois cavalheiros. Amélia riu de alegria. As quatro senhoras entraram na igreja.

Amélia passou a missa toda admirando seu amado, pensando em como acabaria tudo aquilo.

Amélia saiu da igreja muito fatigada, muito pálida.

"Ao jantar, em casa do cônego, a Sra. D. Josefa censurou-a repetidamente de "não dar palavra". Não falava, mas debaixo da mesa o seu pezinho não cessava de roçar, pisar o do padre Amaro. Como escurecera cedo tinham acendido as velas; o cônego abrira uma garrafa, não do seu famoso duque de 1815, mas do "1847", para acompanhar a travessa de aletria[248] que enchia o centro da mesa, com as iniciais do pároco desenhadas a canela; era, como explicara o cônego, "uma galantaria da mana ao convidado"."

Amaro e o cônego Dias entram em polêmica a respeito da reverência ao altar ao final da missa. Ambos sustentam seus pontos de vista, mas Amaro acaba convencendo o antigo mestre.

A S. Joaneira mandou recado que não podia ir buscar Amélia. Resolveram que D. Josefa e o padre Amaro iriam acompanhá-la. Entretanto, o cônego Dias sente-se mal, com muitas dores no estômago. Todos ficaram muito preocupados. Essas dores do cônego costumavam vir repentinamente e passarem do mesmo modo. Depois dele melhorar, D. Josefa foi fazer companhia ao irmão.

Como já eram oito horas, resolveram que o padre Amaro e sua empregada Dionísia, que viera trazer tília para preparar um chá para o cônego, acompanhariam Amélia até sua casa. Apesar da chuva, Amaro insistiu para que fossem assim mesmo. Como a chuva estava muito forte, Amaro achou melhor que entrassem no pátio de sua casa. Amélia recusava-se, mas Amaro argumentava que a mamã ficaria zangada de ver a menina na chuva. Acabou empurrando de leve Amélia para dentro. Acaba convencendo a moça a subir para a sala de jantar e manda Dionísia acender o fogo.

"Ela não respondia, respirando muito forte. Amaro pousou-lhe a mão sobre o ombro, sobre o peito, apertando-lho, acariciando a seda. Toda ela estremeceu. E foi-o enfim seguindo pela escada, como tonta, com as orelhas a arder, tropeçando a cada degrau na roda do vestido.

— Entra para aí, é o quarto, disse-lhe ao ouvido.

Correu à cozinha. Dionísia acendia a vela.

— Minha Dionísia, tu percebes... Eu fiquei de confessar aqui a menina Amélia. É um caso muito sério... Volta daqui a meia hora. Toma! Meteu-lhe três placas na mão.

A Dionísia descalçou os sapatos, desceu em pontas de pés e fechou- se na loja do carvão.

Ele voltou ao quarto com a luz. Amélia lá estava, imóvel, toda pálida. O pároco fechou a porta - e foi para ela, calado, com os dentes cerrados, soprando como um touro.[249]

Meia hora depois Dionísia tossiu na escada. Amélia desceu logo, muito embrulhada na manta: ao abrirem a porta do pátio passavam na rua dois borrachos galrando[250]: Amélia recuou rapidamente para o escuro. Mas Dionísia daí a pouco espreitou; e vendo a rua deserta:

— Está a barra livre, minha rica menina...

Amélia embrulhou mais o rosto e apressaram o passo para a Rua da Misericórdia. Já não chovia; havia estrelas; e uma frialdade seca anunciava o Norte e o bom tempo."

XVI "Ao outro dia Amaro, vendo no relógio que tinha à cabeceira que ia chegando a hora da missa, saltou alegremente da cama. E, enfiando o velho paletó que lhe servia de robe-de-chambre, pensava nessa outra manhã em Feirão em que acordara aterrado, por ter na véspera, pela primeira vez depois de padre, pecado brutalmente sobre a palha da estrebaria da residência com a Joana Vaqueira. E não se atrevera a dizer missa com aquele crime na alma, que o abafava com um peso de penedo. Considerara-se contaminado, imundo, maduro para o inferno, segundo todos os santos padres e o seráfico concílio de Trento. Três vezes chegara à porta da igreja, três vezes recuara assombrado. Tinha a certeza de que, se ousasse tocar na Eucaristia com aquelas mãos com que repanhara os saiotes da Vaqueira, a capela se aluiria[251] sobre ele, ou ficaria paralisado vendo erguer-se diante do sacrário, de espada alta, a figura rutilante de S. Miguel Vingador! Montara a cavalo e trotara duas horas, pelos barreiros de D. João, para ir à Gralheira confessar-se ao bom abade Siqueira... Ah! Era nos seus tempos de inocência, de exagerações piedosas e de terrores noviços! Agora tinha aberto os olhos em redor à realidade humana. Abades, cônegos, cardeais e monsenhores não pecavam sobre a palha da estrebaria, não - era em alcovas cômodas, com a ceia ao lado. E as igrejas não se aluíam, e S. Miguel Vingador não abandonava por tão pouco os confortos do Céu![252]"

Amaro sentia-se incomodado pelo fato de Dionísia, que servira de alcoviteira para tantos na cidade, "conhecer as suas fragilidades, as concupiscências[253] que lhe ardiam sob a batina de pároco". A entrada de Dionísia no quarto com a água para a barba, desfez suas preocupações. Dionísia mostrou-se experiente naquelas questões ao afirmar que era preciso maior cuidado, porque a menina quase fora vista. Amaro decidiu aceitar a proteção da experiente Dionísia para seu caso amoroso. Esta sugere a casa do sineiro, tio Esguelhas, para os encontros, tanto pela facilidade quanto pela discrição. Bastava o padre dar-se bem com o sineiro.

Amaro colocou em execução seu plano para convencer o sineiro a deixá-lo usar sua casa. Aproveitou-se da presença do tio Esguelhas antes de sua missa para exaltar a função de sineiro. Depois, virou-se para o velho sineiro várias vezes durantes os sacramentos. No final da missa, comunicou ao tio Esguelhas que precisa falar-lhe. Amaro convence o sineiro de que precisava da casa dele para preparar Amélia para ser freira. A S. Joaneira parecia não consentir, o que tornava delicada a sua situação de instruir a menina para professar. Podiam ferrá-lo na cadeia. Precisa de tempo para analisar a vocação de Amélia. Diante do discurso o tio Esguelhas oferece a casa, mesmo receando que a casa não fosse decente e não tivesse as comodidades. Amaro disse que bastavam duas cadeiras e uma mesa para pôr o livro da oração. A presença de Totó, filha paralítica e histérica de tio Esguelhas, parecia colocar todo o plano a perder. Entretanto, o tio Esguelhas estava disposto a ajudar na conquista de uma noiva para Nosso Senhor, "queria por força que o seu telhado abrigasse a santa preparação da alma da menina". Amaro acaba articulando uma desculpa ao saber que Totó não sabia sequer ler. Amaro encontrara a desculpa para a presença de Amélia na casa do sineiro: ensinaria a ler a paralítica, educá-la.

"— Está decidido, tio Esguelhas, exclamou, esfregando as mãos de júbilo. É em sua casa que se há-de fazer da rapariga uma santa. E disto - e a sua voz deu um grave profundo — um segredo inviolável!

— Oh, senhor pároco! fez o sineiro, quase ofendido.

— Conto consigo! disse Amaro."[254]

Veio logo à sacristia escrever um bilhete, que devia passar em segredo a Amélia, em que lhe explicava detalhadamente o "arranjinho que fizera para gozarem novas e divinas felicidades". Prevenia-a que o pretexto para ela vir todas as semanas a casa do sineiro devia ser a educação da paralítica: ele mesmo o proporia à noite, em casa da mamã. "Que nisto, dizia, há alguma verdade, pois seria grato a Deus que se alumiasse com uma boa instrução religiosa as trevas daquela alma. E matamos assim, querido anjo, dois coelhos com uma só cacheirada[255]!"

Daí a alguns dias, Amaro deu andamento ao plano e conseguiu convencer todos os freqüentadores da casa da S. Joaneira da necessidade de educar a Totó e sugere que Amélia cumpra essa função. Amélia chega a controlar um acesso de riso, não se contendo diante da astúcia de Amaro.

Amaro e Amélia passaram a encontrar-se todas as semanas uma ou duas vezes, perfazendo "ao fim do mês o número simbólico de sete, que devia corresponder, na idéia das devotas, às Sete Lições de Maria". Amélia preparava-se com cuidado para os encontros. Chegava antes de Amaro e ficava preocupada pela demora do pároco, vigiando a porta maciça da sacristia pela janela da cozinha, sem dar muita atenção a Totó. Amaro sempre trazia bolos para Totó. Esta agora cuidava dos cabelos, escondia as bonecas.

"Amélia sentava-se um instante aos pés do catre (de Totó), perguntando-lhe se estudara o ABC, obrigando-a a dizer aqui e além o nome duma letra. Depois queria que ela repetisse sem errar a oração que lhe andava ensinando; - enquanto o padre, sem passar da porta, esperava, com as mãos no bolsos, enfastiado, embaraçado com os olhos reluzentes da paralítica que o não deixavam, penetrando-o, percorrendo-lhe o corpo com pasmo e com ardor, e que pareciam maiores e mais brilhantes no seu rosto trigueiro tão chupado que se lhe via a saliência das maxilas. Não sentia agora nem compaixão nem caridade pela Totó; detestava aquela demora; achava a rapariga selvagem e embirrenta. A Amélia também pesavam aqueles momentos em que, para não escandalizar muito Nosso Senhor, se resignava a falar à paralítica. A Totó parecia odiá-la; respondia-lhe muito carrancuda; outras vezes persistia num silêncio rancoroso, voltada para a parede; um dia despedaçara o alfabeto; e encolhia-se toda encruada se Amélia lhe queria compor o xale sobre os ombros ou conchegar-lhe a roupa."[256] Amélia deixava a Totó vendo o livro com estampas da Vida dos Santos e subia as escadas atrás de Amaro.

"Ele atirava-lhe beijos vorazes pelo pescoço, pelos cabelos; às vezes mordia-lhe a orelha; ela dava um gritinho; e ficavam então muito quedos, escutando, com medo da paralítica embaixo. O pároco depois fechava as portadas da janela e a porta muito perra que tinha de empurrar com o joelho. Amélia ia-se despindo devagar; e com as saias caídas aos pés ficava um momento imóvel, como uma forma branca na escuridão do quarto. Em redor o padre, preparando-se, respirava forte. Ela então persignava-se depressa, e sempre ao subir para o leito dava um suspirozinho triste." Amélia arrumava-se antes do meio-dia. O padre Amaro atravessava em duas passadas a cozinha sem olhar para a Totó, e entrava na sacristia. Amélia vinha ver a paralítica e encontrava-a às vezes com a cabeça debaixo dos cobertores, "outras vezes, sentada na cama, examinava Amélia com olhos em que se acendia uma curiosidade viciosa; chegava o rosto para ela, com as narinas dilatadas que pareciam cheirá-la; Amélia recuava, inquieta, corando também; queixava-se então de ser tarde, recolhia a Vida dos Santos, — e saía, amaldiçoando aquela criatura tão maliciosa na sua mudez."

Amparo, a quem Amélia contara o segredo de sua caridade, e Carlos viam a moça voltar da casa do sineiro e admiravam a sua devoção para com a entrevada.

XVII Foi aquele o período mais feliz da vida de Amaro. Nem as velhas, nem os padres, ninguém da sacristia suspeitava de seus encontros com Amélia, que se entregara completamente, humilhando-se e anulando-se diante das vontades de Amaro, que gozava prodigiosamente esta dominação. Entretanto, Amaro tinha ciúmes e medo de perder a absoluta admiração e submissão de Amélia. Ameaçava matar Amélia, dizia mal de todos os outros homens, fazia discursos sobre o poder de um padre: "No Egito, grande nação da antiguidade, o homem só podia ser rei se era sacerdote! Na Pérsia, na Etiópia, um simples padre tinha o privilégio de destronar os reis, dispor das coroas! Onde havia uma autoridade igual à sua? Nem mesmo na corte do Céu. O padre era superior aos anjos e aos serafins - porque a eles não fora dado como ao padre o poder maravilhoso de perdoar os pecados! Mesmo a Virgem Maria, tinha ela um poder maior que ele, padre Amaro? Não: com todo o respeito devido à majestade de Nossa Senhora, ele podia dizer com S. Bernardino de Sena: "O sacerdote excede-te, ó mãe amada!" - porque, se a Virgem tinha encarnado Deus no seu castíssimo seio, fora só uma vez, e o padre, no santo sacrifício da missa, encarnava Deus todos os dias! E isto não era argúcia dele, todos os santos padres o admitiam."

"Era este poder divino do padre, esta familiaridade com Deus, tanto ou mais que a influência da sua, voz - que a faziam crer na promessa que ele lhe repetia sempre: que ser amada por um padre chamaria sobre ela o interesse, a amizade de Deus; que depois de morta dois anjos viriam tomá-la pela mão para a acompanhar e desfazer todas as dúvidas que pudesse ter S. Pedro, chaveiro do Céu; e que na sua sepultura, como sucedera em França a uma rapariga amada por um cura, nasceriam espontaneamente rosas brancas, como prova celeste de que a virgindade não se estraga nos braços santos dum padre."

Amélia engordara, fizera-se preguiçosa, enfrentava com tédio a presença das velhas na casa da mãe. Só pensava em estar a sós com Amaro.

XVIII Totó não aceitava mais a presença de Amélia, por quem tinha agora uma aversão desabrida. Amaro quis repreender a Totó por sua ingratidão demoníaca para com a menina Amélia que vinha entretê-la, ensiná-la a conversar com Nosso Senhor. A paralítica rompeu num choro histérico, depois ficou imóvel, hirta, esbugalhando os olhos em alvo, com uma escuma branca na boca. Amaro chegou a recitar os exorcismos. Amélia resolveu "deixar a fera em paz", não tentando mais ensinar-lhe o alfabeto, nem orações a Santa Ana. Depois desse acesso, Amélia resolveu subir para o quarto sem falar à Totó, que se debruçava para fora do leito para a seguir, para a ver, com a face toda descomposta do desespero da sua imobilidade. Amélia sentia vir debaixo uma risadinha seca, ou um ui! prolongado e uivado que a gelava. Decidiram ambos entrarem pela sacristia, evitando ambos serem vistos pela Totó. Mas qualquer barulho fazia com que Totó com a voz rouca e áspera, berrasse: "- Passa fora, cão! passa fora, cão!" e outras frases comparando os dois a cães. "Amaro tinha um desejo furioso de estrangular a paralítica. Amélia tremia, toda branca."

A Totó parecia estragar todo o arranjo de Amaro, deixando Amélia completamente apavorada e não acreditando mais que Deus desculpava-os por seu amor. "Ao entrar na igreja não rezava, com medo dos santos." Procurava Amaro na sacristia.

Uma manhã, Amaro vestiu Amélia com uma capa de Nossa Senhora, presente duma devota rica de Ourém. Amélia tentou evitar, mas Amaro insistiu e chegou a dizer que ela era mais linda que Nossa Senhora. Amélia mirou-se num espelho, enquanto Amaro abraçava-a por trás e beijava-a. Amélia pediu que tirasse o manto, como se a seda a queimasse. Depois, recusou ir com Amaro à casa do sineiro.

No dia seguinte de manhã, a S. Joaneira contou ao cônego o sonho pavoroso de Amélia, que acordara de repente aos gritos, "que Nossa Senhora lhe estava a pousar o pé no pescoço! que sufocava! que a Totó a queimava por detrás! e que as labaredas do Inferno subiam mais alto que as torres da Sé!" A S. Joaneira percebera as mudanças da filha depois das visitas à filha do sineiro. Estava decidida a proibir as visitas da filha à casa do sineiro até que alguém experiente e de juízo fosse examinar a Totó. Foi assim que o cônego decidiu ir ver a Totó, depois dos pedidos da S. Joaneira e da recompensa de uma beijoca sonora.

O cônego Dias encontra-se com o abade Ferrão, que viera à cidade para aviar uma receita para um paroquiano. O cônego conta que estava na botica à espera para ir ver uma endemoniada e aproveita para convidar o abade para ir junto. O abade Ferrão recusa-se, porque não acredita em casos de possessão, atribuindo estes fatos mais à malícia das mulheres. Segundo ele, é só a elas que sucedem esses prodígios. Sua regra era ver esses casos de alto e com muita indiferença.

O cônego aproveita-se da passagem de Amélia para também ir ver a Totó. Amélia aproveita do susto para dizer que também o senhor pároco talvez aparecesse por lá. Amélia conta que a Totó ultimamente tomara-lhe birra, estando sempre a falar de cães e de animais. "Ai, era um encargo que já lhe pesava... Que a rapariga não lhe escutava as lições, nem as orações, nem os conselhos... Era uma fera!"

"Encontraram a Totó meio erguida sobre a cama, com a face acesa numa curiosidade, àquela voz do cônego que não conhecia", parecendo querer saber se Amélia também subiria com este desconhecido para o quarto. Amélia foi para a cozinha para tentar avisar o padre Amaro. O cônego ia perguntar quem eram as pessoas da Santíssima Trindade, quando a Totó perguntou pelo outro. O cônego não compreendeu. O cônego aproximou-se para ouvir e melhor e ficou sabendo das intimidades de Amélia e do padre Amaro. Saiu dali para a botica. Depois que Amélia saiu da casa do sineiro, voltou para ouvir de Totó toda a história. Saiu de lá considerando aquilo tudo uma infâmia e ameaçando matar. Foi direto para a Rua das Sousas.

Amaro assustou-se com a aparência descomposta do cônego. Este acusou Amaro de desencaminhar Amélia. Amaro quis saber o que ele tinha com aquilo. O cônego ameaçou dar parte ao senhor vigário-geral, mas Amaro conta que viu o cônego com a S. Joaneira.

"— Que traste você me sai!

O padre Amaro então, quase tranqüilo, certo do silêncio do cônego, disse com bonomia[257]:

— Traste por quê? Diga-me lá! Traste por quê? Temos ambos culpas no cartório, eis aí está. E olhe que eu não fui perguntar, nem peitar a Totó... Foi muito naturalmente ao entrar em casa. E se me vem agora com coisas de moral, isso faz-me rir. A moral é para a escola e para o sermão. Cá na vida eu faço isto, o senhor faz aquilo, os outros fazem o que podem. O padre-mestre que já tem idade agarra-se à velha, eu que sou novo arranjo-me com a pequena. É triste, mas que quer? É a natureza que manda. Somos homens. E como sacerdotes, para honra da classe, o que temos é fazer costas!

O cônego escutava-o, bamboleando a cabeça, na aceitação muda daquelas verdades. Tinha-se deixado cair numa cadeira, a descansar de tanta cólera inútil; e erguendo os olhos para Amaro:

— Mas você, homem, no começo da carreira!

— E você, padre-mestre, no fim da carreira!

Então riram ambos. Imediatamente cada um declarou retirar as palavras ofensivas que tinham dito; e apertaram-se gravemente a mão. Depois conversaram."[258] Depois, apertaram-se ainda uma outra vez afetuosamente as mãos.

"Desde esse dia Amaro gozou uma completa tranqüilidade de alma." A tácita aprovação do cônego tirou-lhe aquele espinho da consciência. Amaro chegava a tratar o cônego de seu caro sogro. Também a doença grave da Totó tranqüilizara-o. As manhãs de Amélia e do pároco passaram a ser tranqüilas. Apenas certas atitudes de Amélia, incomodada com a doença da Totó, com seu sentimento de culpa e com certos sonhos lúgubres para contar, "que a torturaram toda a noite, e em que ela pretendia descobrir avisos de desgraças", incomodavam o padre Amaro.

Todos notavam que Amélia andava incomodada, nervosa, cheia de medo noturno de pesadelos. O doutor Gouveia achava que a rapariga necessita casar, como dizia a S. Joaneira ao cônego, mas este dizia que a ela não faltava nada. O cônego vivia rondando Amélia. Elogiava a moça para Amaro, que passou a exigir que Amélia se arrumasse melhor para as missas de domingo. "Mas Amélia, agora, já não tinha aquela necessidade amorosa de contentar em tudo o senhor pároco. Acordara quase inteiramente daquele adormecimento estúpido da alma e do corpo, em que a lançara o primeiro abraço de Amaro. Vinha-lhe aparecendo distintamente a consciência pungente da sua culpa." Temia a perda possível do Paraíso ou algum castigo de Deus. Tinha medo de doenças, de lepras, de paralisias ou de pobrezas, de dias de fome. Amaro percebia a frieza de Amélia, e as preocupações desta para ele fosse um bom padre.

Amaro chamava a isto "caturrices de freira velha". Detestava-as, por as achar frívolas — e porque tomavam um tempo precioso, naquelas manhãs da casa do sineiro...

Amaro gozava a sua vida com conforto e folga de dinheiro, graças principalmente a D. Maria da Assunção, a sua melhor confessada, lá estava com a bolsa pronta. De vez em quando, Amaro comprava algum presente para Amélia. Amélia "extasiava-se com aquelas provas da afeição do senhor pároco; e era então no quarto escuro um delírio de amor, enquanto embaixo a tísica, sobre a Totó, ia fazendo trás... trás..."[259]

XIX Amaro procurou apavorado o cônego Dias para comunicar que Amélia estava grávida. Desesperava-se por causa do escândalo. Como Amélia ainda estava no primeiro mês de gravidez, o cônego sugeriu que se casasse a rapariga com João Eduardo. D. Josefa procurou ouvir a conversa atrás da porta, sem sucesso, entrou no escritório. Entretanto, nada conseguiu sondar nas expressões dos dois, que se despediram, marcando um encontro à noite em casa da S. Joaneira.

À noite, na saleta da S. Joaneira, combinaram que a Dionísia tentaria descobrir o paradeiro do escrevente. Amélia escrever-lhe-ia, comunicando que soubera que ele fora vítima duma intriga e que nunca perdera nada da amizade que lhe tinha, devendo-lhe uma reparação. Se o rapaz hesitasse, acenariam com a esperança do emprego no governo civil, fácil de obter pelo Godinho, inteiramente governado pela mulher, que era uma escravazinha do pobre Natário?

"— Mas o Natário, disse Amaro, o Natário que detesta o escrevente, que dirá ele a esta revolução?

— Homem, exclamou o cônego com uma grande palmada na coxa, que me tinha esquecido! Pois você não sabe o que aconteceu ao pobre Natário?...

Amaro não sabia.

— Quebrou uma perna! Caiu da égua!

— Quando?

— Esta manhã. Eu soube-o agora à noitinha. Eu sempre lho disse: homem, esse animal ferra-lhe alguma! Pois senhores, ferrou-lha. E tesa! Tem para pêras... E eu que me tinha esquecido! Nem as senhoras lá em cima sabem nada."

Daí a dias, Amaro participou a Amélia o plano do padre-mestre. Amélia ficou indignada, afirmando que preferia morrer. "O quê? Ele punha-a naquele estado e agora queria descartar-se dela e passá-la a outro? Era ela porventura um trapo que se usa e que se atira a um pobre? Depois de ter posto fora de casa o homem, havia de humilhar-se, chamá-lo e cair-lhe nos braços?... Ah, não! Também ela tinha o seu brio! Os escravos trocavam-se, vendiam-se, mas era no Brasil!"

Amaro enfureceu-se, mas acalmou-se, conseguindo convencer Amélia de que ela é que parecia não amá-lo, querendo criar um escândalo e atirá-lo na miséria. Ambos ficaram banhados em lágrimas. Amélia arrependeu-se, concordando com o plano, depois de ser convencida por Amaro de que João Eduardo não estava excomungado e de que arrumariam-lhe um emprego.

Dionísia procurava sem parar uma pista de João Eduardo. O próprio cônego Dias mandou que procurassem por Lisboa. A notícia foi de que João Eduardo estava no Brasil. Amélia desesperava-se com a demora. Temia ser descoberta. O arranjo não era de todo ruim. Poderia ter uma casinha, uma criada, e criar o filho com dignidade, já que João Eduardo não era rapaz de botequins, nem de vadiagem. Tinha pressa. Amaro não se conformava com aquela mulher que se resignava assim tão facilmente a ir dormir com outro.

> COMENTÁRIOS: O comportamento de Amaro é completamente incoerente com o plano que ele mesmo ajudou a montar para evitar o escândalo da gravidez de Amélia. Seu amor vive misturado com ódio por causa de seus ciúmes doentios. Ele não ousa perder suas regalias, mas também não quer perder ou dividir a amante. Não aceitava o fato de Amélia concordar com o plano em lugar de envergonhar-se junto com ele.

"Viera a suspeitar que a ela no fundo não lhe desagradava a mudança. João Eduardo por fim era um homem; tinha a força dos vinte e seis anos, os atrativos dum belo bigode. Ela teria nos braços dele o mesmo delírio que tinha nos seus... Se o escrevente fosse um velho consumido de reumatismo, ela não mostraria a mesma resignação. Então, por vingança de padre, para "lhe desmanchar o arranjo", desejava que João Eduardo não aparecesse: e muitas vezes, quando a Dionísia lhe vinha dar conta dos seus passos, dizia-lhe com um mau sorriso:

— Não se canse. O homem não aparece. Deixe lá... Não vale a pena ganhar dor de peito..."

Dionísia encontrara uma pista do Gustavo, o tipógrafo, o que aumentou os ciúmes e o sofrimento de Amaro. Se os tempos fossem outros, Amaro gostaria de punir João Eduardo com a acusação de heresia e acompanhar a condução do acusado à fogueira, como chegou a sonhar, antes de ser acordado pela criada.

Naquele dia contou a Amélia que teriam notícias de João Eduardo. Diante da reação de alívio da moça, explodiu em cólera, chamou-a de desavergonhada e chegou mesmo a dar-lhe um bofetão.

"— Não me mates! gritou ela. É o teu filho!

Ele ficou diante dela, enleado e trêmulo: àquela palavra, àquela idéia do seu filho, uma piedade, um amor desesperado revolveu todo o seu ser: e arremessando-se sobre ela, num abraço que a esmagava, como querendo sepultá-la no peito, absorvê-la toda só para si, atirando-lhe beijos furiosos que a magoavam, pela face e pelos cabelos:

— Perdoa, murmurava, perdoa, minha Ameliazinha! Perdoa, que estou doido!"

Amélia jurou a Amaro que seria sempre dele, mesmo depois de casada. Esta promessa tornou-se um pacto entre os amantes. Amaro apressava Dionísia para encontrar o escrevente.

Dionísia acaba descobrindo que João Eduardo foi para o Brasil.

XX Amélia soube a notícia e desesperou-se. "A sua honra, a paz da sua vida, tantas felicidades combinadas, tudo perdido e sumido nas brumas do mar, a caminho para o Brasil!" Amélia sofreu muito. Ia para os encontros com Amaro banhada em lágrimas. "Espaçava agora de semana a semana os encontros na casa do sineiro." Amaro também sentia-se incomodado com as queixas de Amélia.

A doença de D. Josefa pareceu diminuir a atenção de todos para Amélia. Depois de passado o susto, o doutor Gouveia recomendou muito cuidado durante a convalescença, proibindo inclusive o cônego de levar a irmã para a praia e sugerindo uma temporada na quinta da Ricoça, nos Poiais, lugar abrigado e muito temperado.

Amaro aproveitou o fato para ter uma boa idéia. O cônego seguiria para a Vieira, "e a S. Joaneira, está claro, vai também. Naturalmente alugam casa um ao pé do outro, como ela me disse que tinham feito há dois anos..." D. Josefa seguiria com Amélia, que lhe serviria de enfermeira, para a Ricoça. Amélia teria o filho sem que ninguém ficasse sabendo. Amaro contaria a D. Josefa que Amélia estava grávida de um homem casado, depois de dizer-lhe que "nas vésperas da morte é que se deve fazer alguma boa ação, para não se apresentar à porta do Paraíso com as mãos vazias".

Amaro consegue articular todo o seu plano. Chega a dizer ao cônego que a felicidade "era que a criança nascesse morta", quando questionado que destino daria ao fruto de seu romance.

"— Era um anjinho mais... rosnou o cônego sorvendo a sua pitada."

O cônego Dias consegue convencer a S. Joaneira a ir com ele para a Vieira, enquanto Amélia seguiria com D. Josefa para a Ricoça. O argumento foi que D. Josefa estaria durante alguns meses com a afilhada e acabaria deixando um par de mil cruzados para a pequena como dote.

Amaro estava contando rapidamente a Amélia "o grande plano", a cena com a velha: que ela se prontificara logo, coitadinha, já cheia de caridade, desejando até ajudar para o enxoval do pequeno. Amélia chorava porque não queria enterrar-se todo o verão na Ricoça. Tinha certeza de que ia lá morrer, naquele degredo, mas acabou conformando-se com o seu destino, depois que Amaro prometeu ir vê-la todos os dias.

Depois de terem convencido Amélia e a S. Joaneira, Amaro e o cônego encontram-se no escuro da escada e apertaram-se silenciosamente a mão.

"Daí a dias, depois duma cena de prantos, Amélia partiu com D. Josefa para a Ricoça". Depois, ao fim da semana, foi a jornada da S. Joaneira para a Vieira, de noite, por causa da calma. O cônego fora na véspera. A S. Joaneira disse a Amaro que tinha a sensação de nunca mais ver a sua pequena e pediu a Amaro que fosse vê-la em seu lugar. Amaro despede-se dela e promete ver Amélia. A sensação de Amaro também não foi das mais agradáveis depois da partida da carruagem: "E na Misericórdia, ao lado, o piar das corujas no silêncio dava-lhe uma sensação de ruína, de solidão e de fim eterno".

COMENTÁRIOS: É interessante essa parte do capítulo que parece trazer tanto a Amélia, quanto a S. Joaneira e a Amaro a mesma sensação de tristeza e desolação. A narrativa parece criar uma expectativa diante dos fatos que se sucederão, como veremos a seguir.

Amaro foi chamado para atender à Totó, que estava a morrer, e só queria receber os sacramentos da mão do senhor pároco. Amaro estranhou a coincidência com a partida de Amélia. Padre Silvério estava no quarto de Totó, que recusara sem aceitar o sacramento. Amaro olhou a morta por um instante, depois subiu para o quarto do sineiro para consola-lo. Depois deixou tio Esguelhas com a vizinha que cumpria seu dever e voltou para o quarto da morta para substituir o padre Silvério. A vizinha ficou até tarde, vindo comunicar que o tio Esguelhas dormira. Voltaria com a amortalhadeira mal rompesse a manhã.

"Toda a casa então ficou naquele silêncio, que a vizinhança do vasto edifício da Sé fazia parecer mais soturno; só às vezes um mocho piava debilmente nos contrafortes, ou o grosso bordão batia os quartos.. Amaro, tomado dum indefinido terror, mas preso ali por uma força superior da consciência sobressaltada, ia precipitando as orações... Às vezes o livro caia-lhe sobre os joelhos; e então, imóvel, sentindo por detrás a presença daquele cadáver coberto do lençol, recordava, num contraste amargo, outras horas em que o sol banhava o pátio, as andorinhas esvoaçavam, e ele e Amélia subiam rindo para aquele quarto onde agora, sobre a mesma cama, o tio Esguelhas dormitava com soluços mal acalmados..."

COMENTÁRIOS: O final do capítulo reúne coincidências e pressentimentos negativos. Amaro retorna ao lugar de seus prazeres para cumprir o dever de velar e rezar pela inimiga de seus amores com Amélia.

XXI O cônego Dias recomendara a Amaro que não fosse à Ricoça ao menos nas primeiras semanas para evitar suspeitas. A vida de Amaro tornou-se triste e vazia. Todos os conhecidos estavam fora de Leiria. Amaro só recebia duas vezes por semana a visita do coadjutor. Amaro sentia-se torturado por aquela figura lúgubre. Nem mesmo as visitas a Silvério e Natário conseguiam distraí-lo.

A vida de Amélia não estava melhor. D. Josefa tomou- se intratável assim que chegaram na Ricoça. Não perdoou a afilhada por causa do escândalo da gravidez. "Amélia, consigo, acusava o pároco: ele prometera-lhe que a madrinha seria toda caridade, toda cumplicidade; e entregava-a por fim a uma semelhante ferocidade de velha virgem devota!"

Amélia sentia-se torturada pelo cenário lúgubre, pela solidão. Tinha pesadelos, ouvia ruídos inexplicáveis. "Uma vez acordara de repente, a uma voz que dizia, gemendo, por trás da alta barra da cama: - Amélia, prepara-te, o teu fim chegou! Espavorida, em camisa, atravessou correndo a casa, foi refugiar-se na cama da Gertrudes." "Mas na noite seguinte a voz sepulcral voltou quando ela ia adormecer: Amélia, lembra-te dos teus pecados! Prepara-te, Amélia! Deu um grito, desmaiou. Felizmente a Gertrudes, que ainda se não deitara, correu àquele ai agudo que cortara o silêncio do casarão. Achou-a estirada ao través do leito, com os cabelos soltos da rede rojando no chão, as mãos geladas e como mortas. Desceu a acordar a mulher do caseiro, e até de madrugada foi uma azáfama para a chamar à vida. Desde esse dia a Gertrudes dormia ao pé dela - e a voz não tornou a ameaçá-la por trás da barra.

Mas, de noite e de dia, não a deixou mais a idéia da morte e o pavor do Inferno. Por esse tempo, um vendedor ambulante de estampas passou pela Ricoça; e a Sra. D. Josefa comprou-lhe duas litografias - a Morte do Justo e a Morte do Pecador.

— Que é bom que cada um tenha o exemplo vivo diante dos olhos, disse ela.

Amélia não duvidou ao princípio que a velha, que contava morrer no mesmo aparato de glória com que expirava o Justo da estampa, lhe quisera mostrar a ela, a pecadora, a cena pavorosa que a esperava. Odiou-a por aquela "picardia". Mas a sua imaginação aterrada não tardou a dar à compra da estampa outra explicação: era Nossa Senhora que ali mandara o vendedor de pinturas, para lhe mostrar ao vivo na litografia da Morte do Pecador o espetáculo da sua agonia: e estava então certa que tudo seria assim, traço por traço - o seu anjo da guarda fugindo aos soluços; Deus Padre desviando o rosto dela com repugnância; o esqueleto da morte rindo às gargalhadas; e demônios de cores rutilantes, com todo um arsenal de torturas, apoderando-se dela, uns pelas pernas, outros pelos cabelos, arrastando-a com uivos de júbilo para a caverna chamejante toda abalada da tormenta de rugidos que solta a Eterna Dor... E ela podia ver ainda, no fundo dos Céus, a grande balança - com um dos pratos muito alto onde as suas orações não pesavam mais que uma pena de canário, e o outro prato caído, de cordas retesadas, sustentando a enxerga da cama do sineiro e as suas toneladas de pecado."

Amélia passava os dias suja e desarranjada, não querendo dar cuidados ao seu corpo pecador. Odiava Amaro quando o imaginava no conforto de Leiria, sossegado. As visitas do abade Ferrão ajudaram Amélia a evitar um desastre maior. O abade ouvira D. Josefa em confissão, assustando-se com o terror que a religião parecia infundir na pobre velha. Esta por sua vez não gostou das palavras de conforto do abade e considerou-o relaxado. Assim, o abade passou a preocupar-se com Amélia, cuja tristeza. As conversas do abade entretinham Amélia. Uma tarde, Amélia revelou ao abade os ruídos que ouvia na casa e dos sobressaltos que lhe davam. O abade explicou que tudo não passava de imaginação, que vinha de sua consciência. Depois de chorar muito, Amélia resolveu procurar o abade no outro dia cedo para contar-lhe tudo que a afligia.

COMENTÁRIOS: O tormento de Amélia surge do conflito entre a liberdade de seus atos amorosos e a consciência do pecado. A solidão destinada pelo desprezo da madrinha e o cenário lúgubre da Ricoça tornam Amélia frágil e instável. Desamparada por Amaro, ela irá refugiar-se na amizade com o bondoso abade Ferrão.

XXII O padre Amaro recebeu a notícia trazida por Dionísia de que João Eduardo estava em Leiria. Era mestre dos filhos do Morgado. Duas horas depois, Amaro partia para a Ricoça, temeroso de que Amélia encontrasse o rapaz.

Ao chegar à Ricoça, foi recebido por Amélia que fugiu antes de o atender. Amaro acabou sendo recebido por Gertrudes, que o conduziu ao imenso quarto de D. Josefa. Amaro percebeu pelas atitudes da velha que esta infernizava a vida de Amélia. Esta fugira por estar desarrumada. Amaro deu conselhos a D. Josefa, que reclamara do pesado fardo que lhe destinara a velhice, tentando assim diminuir o sofrimento de Amélia. Depois de despedir-se, pediu que Amélia mostrasse o caminho. Tentou abraçar Amélia, mas esta recusou-o, dizendo que já pecaram o suficiente e que queria morrer em paz. Só então Amaro entendeu o nome do abade Ferrão citado com tanto fervor por Amélia e por Gertrudes. Sentiu-se enciumado pela influência do abade no comportamento arredio de Amélia. Resolveu contar a Amélia que João Eduardo estava próximo, mas a moça disse que não se importava com o João Eduardo e com os outros e com tudo o que passou. Foram interrompidos pela chegada de Gertrudes com o candeeiro. Amaro saiu de lá com muita raiva.

"Mas a longa caminhada até à cidade acalmou-o. Aquilo na rapariga por fim era apenas um acesso de virtude e de escrúpulos! Vira-se ali só naquele casarão, amargurada pela velha, impressionada pelos palavrões do moralista Ferrão, longe dele, e tinha-lhe vindo aquela reação de devota com os seus terrores do outro mundo e apetites de inocência... Chalaça[260]! Se ele começasse a ir à Ricoça, numa semana reganhava todo o seu domínio... Ah, conhecia-a bem! Era só tocar-lhe, piscar-lhe o olho... Estava logo rendida."

No dia seguinte, à uma hora marchou para Ricoça, levando um ramo de rosas para Amélia. Não a encontrou em casa. Ficou sabendo por D. Josefa que a menina se confessara ao abade. Amaro tentou disfarçar o espanto elogiando o abade. Amaro nem ouviu a velha que pedia para que ficasse para o jantar. Esperava encontrar Amélia na estrada. Encontrou-a apanhando flores perto da casa do ferreiro. O abade estava dentro da casa do ferreiro.

Amaro quis saber se ela confessara tudo ao abade. Amélia disse que ele mesmo dissera que o maior pecado era esconder alguma coisa do confessor. Amaro chamou-a de bêbada, mas cedeu ao desejo brutal, dizendo que ela havia de ser a mesma para ele. Amélia recusou e desprendeu-se de Amaro, pronta para fugir para a casa do ferreiro.

Depois disso, Amaro escreveu uma longa carta, mas a resposta de Amélia foi pedir que a deixasse em paz. Amaro foi ao outro dia atrás de Amélia, que se encontrava no quarto de D. Josefa. Na semana seguinte foi o mesmo, Amélia só aparecia se D. Josefa mandava chamar. Escreveu outra carta, mas não obteve resposta.

Numa tarde, Amaro encontrou-se com o abade Ferrão, e os dois discutiram. O abade arrependeu-se de sugerir que o melhor para todos era que Amaro não viesse. Desculpou-se, já que ouvira tudo em segredo de confissão. Amaro não entrou na Ricoça, voltou para a cidade sob a chuva que batia forte. Escreveu uma longa carta a Amélia, em que lhe contava a cena com o abade. Amaro começou a acreditar que ali havia homem. Devorado de um ciúme negro, principiou a rondar de noite a Ricoça. Nada viu. Uma ocasião sentiu uma voz cantarolar sentimentalmente a valsa dos Dois mundos. Era João Eduardo. Amaro preferiu afastar-se do casarão, porque sabia que João Eduardo não visitava Amélia.

João Eduardo não esquecera a bem amada. "O Morgadinho tinha com efeito por padres um ódio maníaco, a ponto de não ler no jornal a notícia dum crime, sem decidir (ainda mesmo quando o culpado estava já sentenciado) que "no fundo devia de haver na história um sotaina[261]". Dizia-se que este rancor provinha dos desgostos que lhe dera sua primeira mulher, devota célebre de Alcobaça. Simpatizava-se com a história de João Eduardo. Quando o viu em Lisboa e soube da viagem próxima para o Brasil, teve a idéia de o trazer para Leiria, instalá-lo nos Poiais, e entregar-lhe a educação das primeiras letras dos seus dois pequenos como um insulto estridente feito a todo o clero diocesano.

O Morgado era amigo de abade Ferrão, que recebia como cavalheiro e não como padre. Tinham polêmicas literárias. O abade Ferrão afeiçoara-se a João Eduardo e procurava defendê-lo diante de Amélia, já que sabia de toda a história do Comunicado.

O doutor Gouveia começou a vir à Ricoça, porque D. Josefa tinha piorado. Amélia escondia-se no quarto, com medo que o médico visse o seu estado. Mas foi necessário aparecer no quarto da velha, para receber as suas instruções de enfermeira. Ouviu do velho médico que ele bem havia dito à S. Joaneira para casar logo a filha. Amélia chorou. O doutor Gouveia prometeu segredo e mandou que o chamasse para o parto.

Amélia sentiu-se reconfortada por ter-se confessado. Sentia que Nossa Senhora se compadecia de seu sofrimento. O abade aconselhou-a a abrigar-se na idéia de Jesus quando se lembrasse de Amaro. "Ele mesmo cada dia a ia ajudando naquela repurificação da alma, com uma solicitude de enfermeiro: fora ele que lhe marcara, como um ensaiador num teatro, a atitude que devia ter na primeira visita de Amaro à Ricoça; era ele que chegava, com alguma breve palavra reconfortante como um cordial, se a via vacilar naquela lenta reconquista da virtude; se a noite fora agitada das lembranças cálidas dos prazeres passados, era durante toda a manhã uma boa palestra, sem tom pedagógico, em que lhe mostrava familiarmente que o Céu lhe daria alegrias maiores que o quarto enxovalhado do sineiro. Chegara, com uma sutileza de teólogo, a demonstrar-lhe que no amor do pároco não havia senão brutalidade e furor bestial; que, doce como era o amor do homem, o amor do padre só podia ser uma explosão momentânea do desejo comprimido; quando tinham começado as cartas do pároco, analisara-lhas frase a frase, revelando-lhe o que elas continham de hipocrisia, de egoísmo, de retórica, e de desejo torpe."

O abade percebera que Amélia não se ajustaria à vida religiosa, por isso aconselhava um casamento. Aos poucos foi curando Amélia daquela paixão por Amaro. "Se ainda pensava em Amaro, é porque não podia deixar de pensar na casa do sineiro; mas o que a tentava ainda era o prazer e não o pároco."

Amélia sentia-se protegida pelos dois bons amigos: o abade Ferrão e o bom doutor Gouveia. Começara mesmo a pensar em João Eduardo.

D. Josefa, inquieta de não ver aparecer o senhor pároco, mandara o caseiro a Leiria pedir a Amaro a esmola duma visita. O homem trouxera a notícia de que Amaro partira para a Vieira. A velha choramingou de desgosto. Amélia, irritada, não conseguiu dormir por pensar em Amaro a divertir-se sem pensar nela e conversando "com as senhoras na praia, e andando de serão em serão..."

Em novembro vieram as chuvas. "A Ricoça parecia agora mais lúgubre naqueles dias curtos, banhados de água, sob um céu de tempestade. O abade Ferrão, tolhido de reumatismo, já não aparecia na quinta. O doutor Gouveia, depois da visita de meia hora, abalava no seu velho cabriolé. A única distração de Amélia era estar à janela por dentro dos vidros: três vezes vira passar João Eduardo na estrada; mas ele ao avistá-la baixava os olhos ou refugiava-se mais sob o guarda-chuva."

A Dionísia vinha freqüentemente, porque deveria ser a parteira. O doutor Gouveia aconselhara a Micaela. Amélia "não queria mais gente no segredo". Dionísia trazia-lhe as notícias de Amaro, que ela sabia pela cozinheira. Amaro ficaria na Vieira até dezembro. Isso indignava Amélia, porque o pároco queria estar longe quando chegassem os transes, os perigos do parto. A criança havia de ser entregue a uma ama de ao pé de Ourém, que a criaria na aldeia, que Amélia não sabia quem era. Amélia sequer tinha dinheiro para o enxoval. Tinha escrúpulos de escrever a Amaro pedindo dinheiro.

"Além disso as impertinências da velha tornavam-se odiosas. A pobre D. Josefa, privada dos auxílios devotos dum padre, um verdadeiro padre (não um abade Ferrão), sentia a sua velha alma indefesa exposta a todas as audácias de Satanás: a visão singular que tivera de S. Francisco Xavier nu, repetia-se agora com uma insistência pavorosa a respeito de todos os santos: era toda uma corte do Céu, arrojando túnicas e hábitos, e bailando-lhe na imaginação sarabandas em pêlo: e a velha estava morrendo da perseguição destes espetáculos dispostos pelo demônio.(...) Esta falta dum padre virtuoso dava-lhe um humor feroz, que recaia sobre Amélia numa chuva de impertinências."

Uma tarde, ao fim do jantar, Amaro apareceu. D. Josefa disse da falta que sentia. Amaro mostrou-se indiferente a Amélia, que o acompanhou na hora da saída. Amaro saiu como se nada tivessem a dizer.

"Foi para o quarto chorar de bruços sobre a cama, de raiva e de humilhação. O infame! E nem uma palavra sobre o filho, sobre a ama, sobre o enxoval! Nem um olhar de interesse para o seu corpo desfigurado por aquela prenhez que ele lhe dera! Nenhuma queixa irritada por todos os desprezos que ela lhe mostrara! Nada! Calçava as luvas, com o chapéu do lado. Que indigno!"262

Amaro repetiu o comportamento da véspera no outro dia, o que fez Amélia chamá-lo de infame. Amélia escreveu uma carta de três páginas de acusações e de lástimas. Amaro mandou resposta verbal pelo Joãozito da quinta de que talvez aparecesse por lá na quinta-feira. Amélia teve outra noite de lágrimas, enquanto Amaro esfregava as mãos, no regozijo do seu "famoso estratagema". Amaro ouvira em Viera a idéia do plano, o brilhante Pinheiro dissertara sobre o amor, citando uma idéia de Lamartine que "a mulher é igual à sombra: se correis atrás dela, foge-vos; se fugis dela, corre atrás de vós".

Amaro encontrou Amélia sozinha na quinta-feira. A emprega fora à cidade e a madrinha dormia. Amélio seguiu-a até diante do quarto dela. Entrou com familiaridade. Amélia fechou a porta e perguntou porque não respondeu a sua carta.

"Ele riu:

— É boa! E por que não respondeste tu às minhas? Quem começou?

Foste tu. Dizes que não queres pecar mais. Também eu não quero pecar mais. Acabou-se...

— Mas não é isso! exclamou ela pálida de indignação. É que há a pensar na criança, na ama, no enxoval... Não é abandonar-me para aqui!...

Ele pôs-se sério, e com um tom ressentido:

— Peço perdão... Eu prezo-me de ser um cavalheiro. Tudo isso há-de ficar arranjado antes de voltar para a Vieira...

— Tu não voltas pra Vieira!

— Quem é que diz isso?

— Eu, que não quero que vás!

Pusera-lhe fortemente as mãos nos ombros, retendo-o, apoderando-se dele: e ali mesmo, sem reparar na porta apenas cerrada, abandonou-se-lhe como outrora."

Daí a dois dias o abade Ferrão apareceu restabelecido, contando a Amélia a bondade do Morgado e de João Eduardo que passava as suas horas vagas as passava ao pé da cama até à uma hora da noite num zelo de enfermeiro. Pediu licença a Amélia para contar tudo e explicar ao rapaz para que este a perdoasse e se fizesse o casamento. Amélia disse que haveria de pensar.

Nessa noite Amaro devia entrar pelo portalzinho do pomar com a chave que Amélia lhe dera, mas a matilha do caseiro espantou Amaro, que fugiu pela estrada, batendo o queixo de terror.

COMENTÁRIOS: Todo esse capítulo mostra a mudança de comportamento de Amélia, que procura desprezar Amaro, arrependida do pecado amoroso que cometera. Amélia toma o abade Ferrão como confessor, contrariando os desejos de Amaro que exigia silêncio sobre o caso amoroso deles. Amaro vê Amélia afastar-se dele e articula um plano para reconquistá-la, saindo-se vitorioso.

XXIII Amaro mandou chamar Dionísia para perguntar para quando estava previsto o nascimento de seu filho. Precisava responder ao cônego Dias, que já não conseguia controlar a S. Joaneira na praia. Amaro procura informar-se com Dionísia a respeito de uma ama para a criança. Dionísia pensou que ele já tivesse cuidado disso e fala que há poucas disponíveis. Conta de uma certa ama que costuma matar as crianças que estão aos seus cuidados, apelidada de "tecedeira de anjos". Amaro chega a não acreditar na história, mas Dionísia ensina onde a ama mora. Comunica a Amaro que já cuidou do enxoval da criança, tendo comprado as peças de enxoval por conta do pároco, e fala de um berço muito barato em segunda mão que vira no Zé Carpinteiro.

Amaro passou a manhã fumando e pensando em como dispor do filho. Temia que Amélia fosse procurar a criança, a ama falar aos vizinhos. O menino viria a ser conhecido como filho do pároco. Amaro poderia ser denunciado ao senhor vigário-geral. "Ah! se o fruto nascesse morto! Que solução natural e perpétua! E para a criança, uma felicidade! Que destino podia ele ter neste duro mundo? Era o enjeitado, era o filho do padre. Ele era pobre, a mãe pobre... O rapaz cresceria na miséria, vadiando, apanhando o estrume das bestas, remeloso e tosco... De necessidade em necessidade iria conhecendo todas as formas do inferno humano: os dias sem pão, as noites regeladas, a brutalidade da taberna, a cadeia por fim. Uma enxerga na vida, uma vala na morte... E se morresse - era um anjinho que Deus recolhia ao Paraíso..." Amaro pensou em sua vida, nas amarguras que passou: "Se lhe tivessem esmagado o crânio ao nascer, estava agora com duas asas brancas, cantando nos coros eternos".

Saiu de casa com intenção de procurar a ama dos Poiais, à Sra. Joana Carreira, mas teve a curiosidade de ir à Barrosa ver a tecedeira... "Não lhe falaria: examinaria apenas a casa, a figura da mulher, os aspectos sinistros do sítio... Demais como pároco, como autoridade eclesiástica, devia observar aquele pecado organizado num recanto de estrada, impune e rendoso. Podia mesmo denunciá-lo ao senhor vigário-geral ou ao secretário do governo civil."[263]

Amaro não só conheceu a ama Carlota como também seu marido, um quase anão de péssimo aspecto. Conversou com o casal, inventando a história de uma parenta que precisaria de uma ama para casa. O marido informou que só aceitariam uma criança se fosse para cuidar na casa deles.

Amélia estava assustada com a proximidade do parto. Tinha pesadelos terríveis com o momento do parto, mas temia também que a mãe aparecesse antes do parto. Amaro vinha todas as manhãs, evitando um encontro à tarde com o abade Ferrão. Amaro dizia ter falado à ama, a Sra. Joana Carreira. Amélia reclamou da distância para ir ver a criança. Amélia adquiria dons de maternidade, imaginando o filho que se chamaria Carlos e seria oficial de cavalaria. Sentia-se torturada pelo fato do filho ser um enjeitado.

Um dia o abade apareceu com um plano extraordinário inspirado por Nossa Senhora: Amélia se casaria com João Eduardo, mas o rapaz devia por uma escritura adotar o Carlinhos. Amélia concordou com o plano, mas daí a dias descobriu que não deveria trair Amaro que era o pai do seu Carlinhos. O abade ficou assombrado com o comportamento de Amélia, já que não sabia das visitas de Amaro.

Amaro sentia-se torturado com as novas manias de Amélia diante da proximidade do nascimento do filho e das lamúrias de D. Josefa.

Numa dessas manhãs, Amélia estava com Amaro quando João Eduardo passou com os filhos do Morgado a cavalo. "Desde esse dia Amélia não tornou a choramigar, se pela manhã o senhor pároco não vinha. Quem esperava agora com impaciência era o Sr.

abade Ferrão, pela tarde. Apoderava-se dele, queria-o numa cadeira junto ao canapé: e depois de rodeios demorados de ave que tenteia a presa, caía sobre a pergunta fatal - se tinha visto o Sr. João Eduardo?"

Um dia João Eduardo viu o padre Amaro à porta do casebre do anão. Ao passar na Ricoça, João Eduardo não viu por trás dos vidros a costumada face pálida sob o lenço escarlate.

Chegara finalmente o dia do nascimento do filho de Amélia. O próprio Amaro levara recado a Dionísia. D. Josefa inculcara a Amaro uma ama, que Amaro já ajustara. Nessa mesma noite, Amaro se postaria com a ama à portinha do pomar, e Dionísia viria dar-lhe a criança bem atabafada. Depois de tudo combinado, Amaro voltou para casa e colocou-se a pensar no que faria com a criança. A visita do Libaninho com a notícia de que ouvira falar sobre um escândalo com um eclesiástico fez Amaro decidir-se. Procurou a ama Carlota, pagando-lhe um ano adiantado. Amaro sentiu que a visita inesperada fora um aviso da providência.

"Mas na solidão do quarto toda a sorte de imaginações mórbidas o assaltavam: via a Carlota a esganar a criancinha roxa; via os cabos de polícia mais tarde a desenterrar o cadáver, o Domingos da administração redigindo sobre um joelho o auto de corpo de delito, e ele, de batina, arrastado para cadeia de S. Francisco, em ferros, ao lado do anão! Tinha quase vontade de montar a cavalo, voltar à Barrosa desfazer o ajuste. Mas uma inércia retinha-o. Depois, nada o forçava à noite a entregar a criança à Carlota... Podia levá-la bem agasalhada à Joana Carreira, a boa ama dos Poiais." Amaro foi visitar o Natário, que lhe falou mal de João Eduardo acompanhado pelo lacaio. Depois foi visitar D. Maria da Assunção. Voltou para casa quando escurecia. Não conseguiu jantar. Pouco depois chegou o coadjutor, para falar-lhe sobre o batizado do filho do Guedes às nove horas do dia seguinte.

Depois de livrar-se do coadjutor, Amaro partiu logo para a Ricoça. Tinha esperança de que a criança nascesse morta. Pensou que se também Amélia morresse, "o seu pecado e o seu erro que caíam para sempre nos escuros abismos da eternidade. Ele ficava, como antes da sua vinda a Leiria, um homem tranqüilo, ocupado da sua igreja, duma vida limpa e lavada como uma página branca!"

Parou junto ao casebre em ruínas à beira da estrada, onde encontrou-se com a Carlota. Impaciente, esperou até que Dionísia entregou-lhe o menino. "Então o contato do seu filho, contra o seu peito, desmanchou como um vendaval todas as idéias de Amaro. O quê! ir dá-lo àquela mulher, à tecedeira de anjos, que na estrada o atiraria a algum valado, ou em casa o arremessaria à latrina? Ah! não, era o seu filho![264]

Mas que fazer, então? Não tinha tempo de correr aos Poiais e acordar a outra ama... A Dionísia não tinha leite... Não o podia levar para a cidade... Oh! que desejo furioso de bater àquela porta da quinta, precipitar-se para o quarto de Amélia, meter-lhe o pequerruchinho na cama, muito agasalhado, e todos três ficarem ali como no conchego dum céu! Mas quê, era padre! Maldita fosse a religião que assim o esmagava!

De dentro do embrulho saiu um gemido. Correu então para o casebre - quase esbarrou com a Carlota, que se apoderou logo da criança.

— Aí está, disse ele. Mas ouça lá. Isto agora é sério. Agora é outra coisa. Olhe que o não quero morto... É para o tratar. O que se passou não vale... É para o criar! é para viver. Você tem a sua fortuna... Trate dele!...

— Não tem dúvida, não tem dúvida, dizia a mulher apressada.

— Escute... A criança não vai bem agasalhada. Ponha-lhe o meu capote.

— Vai bem, senhor, vai bem.

— Não vai, com mil diabos! É o meu filho! Há-de levar o capote! Não quero que morra de frio!"

Depois da partida de Carlota, Amaro chorou. Rondou a casa, voltando para casa às dez horas.

O doutor Gouveia ceava tranqüilamente um frango assado, satisfeito com o nascimento de um rapagão. Gouveia e o abade Ferrão acabaram discutindo a respeito do batismo. O bom abade fica escandalizado com a visão anticlerical do médico.

"A indignação tinha emudecido o abade.

— Diga lá, abade, para que os mandam os senhores ensinar a ler? Toda a ciência universal, o res scibilis, está no Catecismo: é meter-lho na memória, e o rapaz possui logo a ciência e consciência de tudo... Sabe tanto como Deus... De fato, é Deus mesmo.

O abade pulou.

— Isso não é discutir, exclamou, isso não é discutir!... Isso são chalaças à Voltaire! Essas coisas devem-se tratar mais de alto...

— Como chalaças, abade? Tome um exemplo: a formação das línguas. Como se formaram? Foi Deus, que descontente com a Torre de Babel..."

Amélia acordou reclamando o filho. Dionísia é instruída pelo médico para mentir que o trarão no dia seguinte.

"A Dionísia retirou-se. Mas a controvérsia não recomeçou: diante daquela mãe que acordava depois da fadiga do parto e reclamava o seu filho, o filho que lhe tinham levado para longe e para sempre, os dois velhos esqueceram a Torre de Babel e a formação das línguas. O abade, sobretudo, parecia comovido. Mas o doutor não tardou, sem piedade, a lembrar-lhe que eram aquelas as conseqüências da situação do padre na sociedade." A discussão prosseguiu com o médico criticando o celibato religioso. O abade defende a Igreja como ambiente de ciência, a filosofia. O médico contra-ataca:

"— Mas que filosofia, senhor, mas que ciência! Por filosofia meia dúzia de concepções dum espírito mitológico, em que o misticismo é posto em lugar dos instintos sociais... E que ciência! Ciência de comentadores, ciência de gramáticos... Mas vieram outros tempos, nasceram ciências novas que os antigos tinham ignorado, a que o ensino eclesiástico não oferecia nem base nem método, estabeleceu-se logo o antagonismo entre elas e a doutrina católica!... Nos primeiros tempos, a Igreja ainda tentou suprimi-las pela perseguição, a masmorra, o fogo! Escusa de se torcer, abade... O fogo, sim, o fogo e a masmorra. Mas agora não o pode fazer e limita-se a vituperá-las em mau latim... E no entanto continua a dar nos seus seminários e nas suas escolas e ensino do passado, o ensino anterior a essas ciências, ignorando-as, e desprezando-as, refugiando-se na escolástica..."

Dionísia voltou e avisou que a menina estava choramingando e queria o filho. O médico deu remédio para Amélia dormir e prosseguiu na discussão. Pouco depois voltava Dionísia, dizendo que a menina reclamava de um peso na cabeça e faíscas diante dos olhos. O médico seguiu Dionísia e não voltou por mais de meia hora. O abade mostrava-se preocupado, mas não podia ir até o quarto de Amélia. Depois de uma hora, foi até o corredor: "um ruído confuso e surdo de pés movendo-se vivamente no soalho, como numa luta. Mas nem um ai, nem um grito. Recolheu à sala, e abrindo o seu Breviário começou a rezar." O médico disse ao abade que Amélia tinha convulsões e voltou a lutar, enquanto o abade rezava. Amélia piorou. Dionísia estava indignada pelo fato do doutor ter sangrado Amélia. Afirmou nunca ter perdido nenhuma parturiente. O médico chamou-a de volta. Pouco depois retornou, dizendo que o abade poderia entrar para dar os sacramentos à menina. O abade quis saber se era um caso extremo, porque não poderia entrar no quarto de uma mulher grávida ilegitimamente. O médico confirmou. O abade encontrou Dionísia e Gertrudes rezando. "E debruçado sobre ela, com o crucifixo na mão, o abade dizia ainda, numa voz de angústia:

— Jesu, Jesu, Jesu! Lembra-te da graça de Deus! Tem fé na misericórdia divina! Arrepende-te no seio do Senhor! Jesu, Jesu, Jesu!

Por fim, sentindo-a morta, ajoelhou, murmurando o Miserere. O doutor que ficara à porta retirou-se devagarinho, atravessou em bicos de pés o corredor, e desceu à rua, onde o moço segurava a égua atrelada."

XXIV "Ao outro dia desde as sete da manhã, o padre Amaro esperava a Dionísia em casa, postado à janela, com os olhos cravados na esquina da rua, sem reparar na chuva miudinha que lhe fustigava a face. Mas a Dionísia não aparecia: e ele teve de partir para a Sé, amargurado e doente, a batizar o filho do Guedes." Sua tristeza contrastava com a alegria do batizado. Procurou cumprir o mais rapidamente possível suas obrigações como sacerdote e partiu para casa. Encontrou Dionísia "sentada no quarto, esperando-o, amarrotada, enxovalhada da luta da noite e da lama da estrada: e apenas o viu começou choramigar". Quando confirmou a suspeita, Amaro tombou para os pés da cama como morto também.[265]

"A Dionísia berrou pela criada. Inundaram-lhe a face de água, de vinagre. Ele recuperou-se um pouco, muito pálido; afastou-as com a mão, sem falar; e atirou-se de bruços para sobre o travesseiro, num choro desesperado, - enquanto as duas mulheres consternadas iam recolhendo à cozinha." Dionísia contou a Escolástica que Amélia morreu dum aneurisma rebentado.

Amaro mandou Escolástica ir ao Cruz e mandar vir um cavalo. Chamou Dionísia para que contasse toda a história da noite anterior. Quando o rapaz chegou com o cavalo, Amaro entregou a Dionísia um crucifixo que ganhara de Amélia para colocar no peito da menina. Depois disso seguiu a cavalo para a casa de Carlota. Não havia ninguém em casa. Perguntou pela mulher numa taberna. A dona a vira. Mandou uma chamar por ela na casa da Micaela. Amaro voltou para a casa de Carlota, onde tentou escutar algum barulho de criança, acreditando que a criança ainda estivesse viva por causa de sua recomendação na Ricoça.

Carlota apareceu e contou que a criança morrera duas horas depois de ter chegado. Amaro não quis acreditar, mas não chegou a ir até o berço com o saiote escarlate sobre ele. Carlota disse ter saído para encomendar um caixãozinho decente. Aproveitou para pedir uns dois mil-réis. Amaro entregou o dinheiro e partiu sem ouvir o chamado de Carlota que queria restituir-lhe o capote que Amaro emprestara para manter aquecida a criança.

Ao chegar à cidade, depois de apear à porta do Cruz, foi direito ao paço do bispo. Queria "deixar aquela cidade maldita, não ver mais as faces das devotas, nem a fachada odiosa da Sé". Contou ao vigário-geral que sua irmã estava a morrer em Lisboa e precisava de uma licença por uns dias, no que foi prontamente atendido. Amaro voltou à Sé e escreveu uma carta ao cônego Dias, comunicando inicialmente a morte de Amélia, a sua partida para alguma pobre paróquia de pastores até o fim de seus dias e só no final a morte da criança.[266]

Depois de fechar a carta, Amaro foi à casa do tio Esguelhas, onde foi tomado de soluços por causa das recordações. Despediu-se do sineiro, dando as mesmas desculpa que utilizou com o vigário-geral. Contou que Amélia morrera.

Voltou depois para casa, anunciando para Escolástica que partiria naquela mesma noite para Lisboa. Deixa para Escolástica seus lençóis e toalhas como forma de pagamento, já que tinha o dinheiro necessário apenas para a viagem. Ele mesmo fez as malas, chamando Escolástica apenas para dar um tostão aos homens que tocavam desafinadamente a valsa dos Dois mundos e mandá-los para o inferno porque havia gente doente em casa.

Até as cinco horas, Escolástica nada ouviu no quarto. Amaro só saiu de lá quando o moço do Cruz veio com o cavalo. Entregou para a empregada um maço de cartas. Escrevera para D. Maria da Assunção, ao padre Silvério e a Natário. Quando ia sair, reconheceu o barulho de muleta do tio Esguelhas. Este entregou a Amaro um brinco de ouro perdido por Amélia. "Amaro então, sufocado, abraçou o tio Esguelhas." Depois partiu.

No caminho encontrou-se com o doutor Godinho, o secretário-geral e o senhor administrador do concelho, muito amigos agora. Comentaram a partida de Amaro, que inventou a mesma desculpa da doença da irmã, e também lamentaram a morte de Amélia. Amaro despediu-se de todos.

"Ao outro dia, pelas onze horas, o enterro de Amélia saiu da Ricoça. Era uma manhã áspera: o céu e os campos estavam afogados numa névoa pardacenta; e caia muito miúda, uma chuva regelada. Era longe da quinta à capela dos Poiais." João Eduardo juntou-se ao enterro no caminho. "Estava carregado de luto, com as olheiras cavadas em dois sulcos negros, grossas lágrimas a correrem-lhe nas faces". "Por trás dele, vieram colocar-se dois criados de farda, com as calças muito arregaçadas e tochas na mão - dois lacaios que mandara o Morgado, para honrar o enterro duma dessas senhoras da Ricoça, amigas do abade." Amélia foi enterrada naquela manhã fria de dezembro.

XXV "Nos fins de maio de 1871, havia grande alvoroço na Casa Havanesa, ao Chiado, em Lisboa. Pessoas esbaforidas chegavam, rompiam pelos grupos que atulhavam a porta, e alçando-se em bicos de pés esticavam o pescoço, por entre a massa dos chapéus, para a grade do balcão, onde numa tabuleta suspensa se colavam os telegramas da Agência Havas; sujeitos de faces espantadas saíam consternados, exclamando logo para algum amigo mais pacato que os esperava fora:

— Tudo perdido! Tudo a arder![267]"

"Num grupo ao pé da Casa Havanesa os questionadores politicavam: pronunciava-se o nome de Proudhon[268] que, por esse tempo, se começava a citar vagamente em Lisboa como um monstro sanguinolento; e as invectivas rompiam contra Proudhon."

Os moços aplaudiam o caráter heróico da Comuna.[269] Os mais conservadores temiam suas casas na Baixa queimando sob a fúria socialista. "Então era em todos os grupos um furor de autoridade e repressão: era necessário que a sociedade, atacada pela Internacional, se refugiasse na força dos seus príncipes conservadores e religiosos, cercando-os bem de baionetas! Burgueses com tendas de capelistas falavam da "canalha" com o desdém imponente dum La Tremouille ou dum Ossuna. Sujeitos, palitando os dentes, decretavam a vingança. Vadios pareciam furiosos "contra o operário que quer viver como príncipe". Falava-se com devoção na propriedade, no capital!"[270]

Amaro estava entre a turba que assistia a toda a reação e foi reconhecido pelo cônego Dias.

Abraçaram-se com veemência, e foram andando até ao Largo de Camões, Amaro conta que viera para conversar com o conde de Ribamar para pedir sua transferência de Santo Tirso para Vila Franca, para estar mais perto da capital. Amaro recebe notícias de Leiria. A S. Joaneira estava com anasarca, Natário envelhecera, Libaninho fora pego num escândalo com um sargento e agora fora nomeado pelo cônego como sacristão, D. Maria da Assunção protegia um jovem carpinteiro, João Eduardo estava tísico...

"— Ó Amaro, e você a escrever-me que queria retirar-se para a serra, ir para um convento, passar a vida em penitência.

O padre Amaro encolheu os ombros:

— Que quer você, padre-mestre? Naqueles primeiros momentos. Olhe que me custou! Mas tudo passa.

— Tudo passa, disse o cônego. E depois de uma pausa: - Ah! Mas Leiria já não é Leiria!

Passearam então um momento em silêncio, numa recordação que lhes vinha do passado, os quinos divertidos da S. Joaneira, as palestras ao chá, as passeatas ao Morenal, o Adeus e o Descrido cantados pelo Artur Couceiro e acompanhados pela pobre Amélia que, agora, lá dormia no cemitério dos Poiais, sob as flores silvestres..."

Os dois falam sobre os recentes acontecimentos na França. Os dois mostravam-se indignados contra todos aqueles que pretendiam destruir tudo que consideravam respeitável: o clero, a instrução religiosa, a família, o exército e a riqueza. "Sobretudo inspirar aos homens a fé e o respeito pelo sacerdote."[271]

"— Caluniam-nos infamemente, disse num tom profundo o cônego."

Os dois encontraram-se com o conde de Ribamar, a quem perguntaram o que ele, experimentado estadista, falava das coisas de França. Para o conde, depois de sufocada a insurreição, "dentro de três meses temos de novo o império", o papa em Roma, outra vez senhor do poder temporal e a democracia esmagada entre estas duas forças sublimes. "... depois deste exemplo da Comuna não se torna a ouvir falar de república, nem de questão social, nem de povo, nestes cem anos mais chegados!". Defende ainda a fé como base da ordem, por isso não acreditava que aquelas idéias se espalhassem por Portugal. Mostrava o cenário como exemplo de prosperidade e dizia que Portugal era invejada na Europa.

"— Vejam, ia dizendo o conde: vejam toda esta paz, esta prosperidade, este contentamento... Meus senhores, não admira realmente que sejamos a inveja da Europa!

E o homem de Estado, os dois homens de religião, todos três em linha, junto às grades do monumento, gozavam de cabeça alta esta certeza gloriosa da grandeza do seu país, - ali ao pé daquele pedestal, sob o frio olhar de bronze do velho poeta, ereto e nobre, com os seus largos ombros de cavaleiro forte, a epopéia sobre o coração, a espada firme, cercado dos cronistas e dos poetas heróicos da antiga pátria - pátria para sempre passada, memória quase perdida!"[272]

Outubro 1878 - Outubro 1879.

III – SÍNTESE DO ENREDO

O padre José Miguéis falece num domingo de Páscoa em Leiria. Para seu lugar e enviado o jovem padre Amaro Vieira. A nomeação política foi conseguida através do Conde de Ribamar, marido de Luísa, filha da Marquesa de Alegros, por quem José Amaro fora criado depois da morte dos pais. Coube ao cônego Dias encontrar a casa para seu antigo discípulo no seminário. Dias espertamente instala Amaro na casa de sua amante, a S. Joaneira, diminuindo assim a sua despesa e procurando diminuir os comentários negativos sobre seu relacionamento com a mesma.

Amaro teve uma infância protegida pela Marquesa de Alegros, vivendo entre as saias da criadagem. Foi educado na própria casa, já que a marquesa temia as más influências. Em seu testamento, a marquesa determinava que Amaro fosse levado ao seminário ao completar quinze anos. Antes disso teve que viver com seu tio, que o maltratava e obrigava a trabalhar em sua venda. A tia era uma mulher de vida dupla, apesar de todos os agrados do marido. Aos quinze anos, mesmo sem vocação religiosa, Amaro seguiu para o seminário, o que lhe parecia melhor do que o sofrimento da casa dos tios.

Depois de dois meses de terminado o seminário, Amaro foi nomeado para uma pequena paróquia na serra, lugar pobre e triste no inverno. Amaro procurou Luísa, que intercedeu junto do marido para conseguir a transferência de Amaro para uma paróquia melhor. Foi assim que Amaro chegou a Leiria.

Uma vez em casa da S. Joaneira, Amaro acabou apaixonando-se pela filha da hospedeira, Amélia. Esta também sentia o mesmo por Amaro, mesmo sendo noiva de João Eduardo.

Amaro descobre o relacionamento do cônego Dias com a S. Joaneira. Chega a pensar mal de Amélia. Sente ciúmes de João Eduardo.

Certa tarde, ao voltar a pé de um jantar em companhia de outros padres, Amaro encontra Amélia e os dois seguem juntos para a propriedade de D. Maria da Assunção. Amaro aproveita a circunstância para beijar o pescoço de Amélia, que fica espantada e mostra-se fria. Amaro fica arrependido, mas Amélia gostara do beijo por ver que Amaro gostava dela.

Com medo da reação de Amélia, Amaro pede ao cônego Dias que lhe arrume outra casa. Dias aproveita-se da situação para tirar Amaro da casa da amante, já que a presença deste lá obriga-o a encontrar-se pouco com a amante. Amaro muda-se para uma casa péssima, afastando-se durante muito tempo da casa da S. Joaneira.

Um encontro casual entre Amaro, a S. Joaneira e Amélia reaproxima o padre da casa da antiga hospedeira com uma freqüência que traz desconfianças a João Eduardo. Amaro aproveita-se de um artigo anticlerical escrito por João Eduardo para afastá-lo definitivamente de Amélia. João Eduardo agride Amaro.

O padre Amaro torna-se amante de Amélia. O casal encontra-se na casa do sineiro tio Esguelhas, que inocentemente acredita que Amaro está preparando Amélia para a vida no convento. Amélia sente-se incomodada com a presença de Totó, filha entrevada do sineiro. Certa feita, Totó conta tudo sobre o casal para o cônego Dias, que reage contra Amaro. Este defende-se dizendo que também o cônego tem por amante a S. Joaneira. Os dois unem-se na imoralidade, familiarmente, como se fossem sogro e genro.

Amélia fica grávida de Amaro. Como não conseguem encontrar João Eduardo para casarem Amélia com o rapaz, Amaro consegue convencer o cônego a ir para a praia com a S. Joaneira enquanto manda Amélia com a madrinha D. Josefa para a Ricoça, já que a irmã do cônego recupera-se de uma enfermidade.

Amélia, atormentada pelo arrependimento, confessa-se ao abade Ferrão e afasta-se de Amaro. Este vai para a praia enquanto Amélia sofre com a solidão da Ricoça e o desprezo da madrinha. Ao voltar, Amaro mostra-se indiferente a Amélia, que acaba voltando para o esperto padre.

Amaro torce para que morram o filho e a amante, para evitar problemas com o chantre. Nasce o filho de Amélia e Amaro, que é entregue à ama Carlota, conhecida como "tecedeira de anjos", porque deixa as crianças morrerem. Mesmo cuidada pelo doutor Gouveia, Amélia acaba morrendo. Amaro arrependido procura Carlota para levar o filho aos cuidados de outra ama, mas a criança já morrera. Amaro, desesperado, deixa Leiria.

Algum tempo depois, no momento em que explodira a Comuna de Paris (1871), Amaro e o cônego Dias encontram-se em Lisboa. Os dois conversam tranqüilamente, como se nada tivessem feito de errado e defendem posições conservadoras para Portugal, julgando absurdo a falta de respeito de alguns para com o clero.

IV – ESTRUTURA DA OBRA

O romance é dividido em 25 capítulos, que apresentam organicidade, mas não seguem uma estrutura totalmente cronológica, já que em certos momentos o narrador retoma o passado do padre Amaro.

A) **Foco Narrativo:** O romance é narrado em terceira pessoa, por um narrador onisciente. O narrador mantém o devido afastamento, evitando assim qualquer ligação com os fatos narrados. Entretanto, não há qualquer julgamento moral, o que caracteriza o caráter realista da obra. Como em outras obras queirosianas, o narrador move-se de maneira lenta pelo cenário, descrevendo detalhes mínimos de objetos ou vestuário, colocando o leitor dentro da cena. Esse apego à minúcia é outra marca da narrativa queirosiana, que não pode ser esquecida.

B) **Tempo:** O tempo da narrativa é cronológico, antecedendo o ano de 1871.

C) **Espaço:** O espaço principal é Leiria, mas há passagens por Lisboa.

D) Personagens:

1) **Padre Amaro:** Amaro tornara-se padre mais por obrigação e conveniência do que por vocação. Indivíduo ardiloso desde muito cedo, padeceu, entretanto, nas mãos do tio, depois da morte dos pais e de sua protetora a marquesa de Alegros. "Parecia bem-feito; tinha um cabelo muito preto, levemente anelado. O rosto era oval, de pele trigueira e fina, os olhos negros e grandes, com pestanas compridas." Amaro é um indivíduo sem "índole moral," interesseiro e falso, pode-se dizer que incapaz de sentimentos sinceros. Seu amor por Amélia não passa de desejo erótico ou tara, já que não se importa com a amante. Sua personalidade está sempre dividida entre a obrigação e o desejo.

2) **Amélia:** É uma bela rapariga, forte, alta, bem-feita. Filha da S. Joaneira e amante de Amaro. Amélia é uma moça inocente, pura, fácil de ser manipulada pelo esperto padre Amaro. Vê-se atormentada entre o desejo e a as crises de consciência resultantes de seu grande temor a Deus e a Nossa Senhora. Sabe que seu amor com o padre Amaro é fruto de um pecado, mas não consegue deixar o amante porque gosta da luxúria.

3) **Cônego Dias:** Era muito conhecido em Leiria. Ultimamente engordara, o ventre saliente enchia-lhe a batina e a sua cabecinha grisalha, as olheiras papudas, o beiço espesso faziam lembrar velhas anedotas de frades lascivos e glutões. Indivíduo lascivo e ambicioso, sem qualquer escrúpulo.

4) **S. Joaneira:** Seu nome verdadeiro era Augusta Caminha. O apelido surgiu por ser natural de São João da Foz. Era gorda, alta, muito branca, de aspecto pachorrento. Os seus olhos pretos tinham já em redor a pele engelhada; os cabelos arrepiados, com um enfeite escarlate, eram já raros aos cantos da testa e no começo da risca; mas percebiam-se uns braços rechonchudos, um colo copioso e roupas asseadas. É mãe de Amélia e amante do cônego Dias.

5) **João Eduardo:** Noivo de Amélia, por quem sempre foi apaixonado. Era escriturário no cartório de Nunes Ferral. Chegou a escrever no jornal A Voz do Distrito um artigo anticlerical que assinou como um Liberal.

6) **Chantre Valadares:** Único amigo do Padre José Miguéis, a quem chamava de Frei Hércules.

7) **Marquesa de Alegros:** Era uma pessoa passiva, de bondade indolente, com capela em casa, um respeito devoto pelos padres

de S. Luís, sempre preocupada dos interesses da Igreja. Criou Amaro, depois da morte dos pais, que eram seus empregados.

8) **Josefa:** Irmã do cônego Dias. Era madrinha de Amélia. Beata atormentada por sonhos erótico com santos. Configura assim a hipocrisia beata. Tinha a alcunha de castanha pilada e era a fofoqueira do lugar.

9) **Artur Couceiro:** Rapaz "extremamente alto, amarelo, com as faces cavadas, uma grenha riçada, um bigode a D. Quixote; quando ria tinha uma sombra na boca, porque lhe faltavam quase todos os dentes de diante; e nos seus olhos encovados, de grandes olheiras, errava um sentimentalismo piegas." Era cantor de modinhas e costuma cantar depois do chá em casa da S. Joaneira.

10) **Sra. Maria Vicência:** empregada de Amaro, pessoa muito devota, alta e magra como um pinheiro, antiga cozinheira do doutor Godinho. Amaro achava que era porca.

11) **Dionísia:** irmã de Maria Vicência, outrora a Dama das Camélias, a Ninon de Lenclos, a Manon de Leiria: concubina de dois governadores civis e do terrível morgado da Sertejeira. Inspirara paixões frenéticas. Agora engomava para fora, empenhava objetos, entendia de partos e servia de alcoviteira. No final monta um prostíbulo, segundo fofoca do cônego Dias.

12) **Agostinho Pinheiro:** O redator da Voz do Distrito.

13) **Tio Esguelhas:** Era sineiro na Sé. Indivíduo macambúzio[273]. Tinha uma perna cortada e usava muleta. Mantinha-se no cargo por influências. Era viúvo, e tinha uma filha de quinze anos paralítica.

14) Totó (Antônia): Filha do Tio Esquelhas. Era paralítica. Tinha caprichos abomináveis. O doutor Gouveia declarara-a histérica. Todos acreditavam que estava possuída do Demônio.

15) Doutor Gouveia: Médico velho e muito generoso. Era anticlerical, materialista e cientificista. Funciona como um porta-voz da doutrina anticlerical.

16) Conde de Ribamar: Estadista e político influente, é marido da filha da Marquesa de Alegros. Representa na obra a ordem estabelecida.

17) Abade Ferrão: Representa uma antítese ao comportamento desregrado e imoral do clero. É um clérigo íntegro e bondoso.

Outras personagens: Padre Liset (encarregado pela marquesa de tornar Amaro padre), as amigas de S. Joaneira: D. Maria da Assunção, D. Joaquina Gansoso, D. Ana Gansoso, que era surda; Padre José Miguéis (antigo pároco de Leiria), Sr. Correia (ministro da justiça), Agostinho (poeta e primeiro amor de Amélia), Mendes (coadjutor), Doutor Godinho (antigo oposicionista do clero), Tio Cegonha (professor de música de Amélia), Valadares, tio Patrício, Carlota (ama conhecida como "tecedeira de anjos"), etc.

V – ESTILO DE ÉPOCA E ESTILO INDIVIDUAL

O Realismo e o Naturalismo são dois estilos da segunda metade do século XIX, que reagem contra as idealizações românticas, buscando a verdade contemporânea. Na prosa literária portuguesa, o Realismo e o Naturalismo não se separam nitidamente, o que ocasiona passagens naturalistas em obras consideradas realistas, pelo menos para efeito de classificação. Na verdade, os dois estilos apresentam as mesmas características, diferenciando-se apenas na aplicação das mesmas.

Em Portugal, a prosa realista recebe também forte influência dos romances naturalistas, estes mais voltados a uma interpretação mais mecanicista, racionalista e científica do mundo social. Ao contrário dos autores realistas, os autores naturalistas voltam-se aos aspectos mais sórdidos do homem e da sociedade, valorizando os temas mais grosseiros e vendo o destino humano marcado por influências não apenas sociais, mas também biológicas. Os romances de Eça de Queirós podem ser considerados realistas-naturalistas, ainda que nem sempre as explicações biológicas sejam dominantes, como é o caso de *O Crime do Padre Amaro*.

De modo geral, não encontramos nas obras de Eça de Queirós o psicologismo que marcou a literatura realista. Entretanto, em *O Crime do Padre Amaro*, apesar da maioria das personagens serem superficiais, meros tipos sociais, como já comentamos na introdução, encontramos personagens bem delineadas, como o padre Amaro e Amélia, cujas inconstâncias psicológicas refletem bem a preocupação do autor em dissecar seus comportamentos. Mas como nas obras realistas-naturalistas que seguem a publicação da presente, o autor procura aprofundar-se mais na análise da sociedade do que do indivíduo.

O Realismo é um estilo que se opõe ao sentimentalismo e às idealizações da literatura romântica. Desde seu surgimento, estabeleceu como objetivo a destruição das hipocrisias sociais criadas pelo estilo antecessor, como o elogio à vida burguesa. Seus temas seguem, portanto, um rumo bem diferente das temáticas amorosas e "água-com-açúcar" das novelas sentimentais, tão em moda na época. O primeiro romance realista nasce com a publicação de *Madame Bovary*, de Gustave Flaubert, em 1857, na França. Sua temática de crítica ao adultério abre um novo caminho para a literatura, já que até então esse era um tema tabu.

O estilo de Eça de Queirós é marcado por traços pessoais que não podem nem devem deixar de ser mencionados. Sua ironia corrosiva é um dos pontos altos de sua prosa, gerando verdadeira paixão entre os leitores mais aficionados. Essa ironia, entretanto, não consegue disfarçar o forte pessimismo social contido em seus livros, que é outra forte herança realista. Devemos nos lembrar, não obstante, que os realistas não pretendiam reformar a sociedade com suas críticas contundentes e mordazes, mas apenas retratar a realidade. Não havendo, portanto, qualquer falso moralismo embutido nessas constatações.

Sem dúvida, a linguagem e o estilo de Eça de Queirós são a característica inconfundível da literatura que produziu. A partir de construções sintáticas de acento nitidamente lusitano, consegue atingir uma graça e uma leveza que dão à sua prosa uma espontaneidade só conseguida com muito esforço. O emprego de estrangeirismos (principalmente expressões em francês e italiano), chega a parecer natural, quase espontâneo, graças à simplicidade e naturalidade das construções sintáticas.

A minuciosidade descritiva parece colocar o leitor dentro da cena, como uma personagem muda e atenta, recriando de forma viva o cenário e as personagens. Estas últimas adquirem assim uma autenticidade indiscutível, ainda que configurem, na maior parte, meros tipos sociais. É belíssimo o efeito obtido pelas descrições na presente obra, dando ao leitor uma completa visão da capacidade do autor de apegar-se ao detalhe e tornar vivo o quadro em que se passa a ação. O cenário, seja natural ou não, nada deixa a desejar em termos de descrição minuciosa. Vale ressaltar que boa parte das descrições mostra a influência de Flaubert que utilizou uma técnica impressionista de construção de cenários. Eça capta cada ambiente através de uma perspectiva sugestiva de acórdão com as personagens e seus estados. O apego ao detalhe e a construção impressionista podem ser observados nos textos abaixo:

"Era uma tarde de Agosto e passeavam ambos para os lados da Ponte Nova. Andava então a construir-se a estrada da Figueira: o velho passadiço de pau sobre a ribeira do Lis tinha sido destruído, já se passava sobre a Ponte Nova, muito gabada, com os seus dois largos arcos de pedra, fortes e atarracados. Para diante as obras estavam suspendidas por questões de expropriação; ainda se via o lodoso caminho da freguesia de Marrazes, que a estrada nova devia desbastar e incorporar; camadas de cascalho cobriam o chão; e os grossos cilindros de pedra, que acalcam e recamam os macadames, enterravam-se na terra negra e úmida das chuvas."

"Era uma sala forrada de papel branco acetinado, com móveis estofados de casimira clara. Nos vãos das janelas, entre as cortinas de pregas largas duma fazenda adamascada cor de leite, apanhadas quase junto do chão por faixas de seda, arbustos delgados, sem flor, erguiam em vasos brancos a sua folhagem fina. Uma meia-luz fresca dava a todas aquelas alvuras um tom delicado de nuvem. Nas costas duma cadeira uma arara empoleirada, firme num só pé negro, coçava vagarosamente, com contrações aduncas, a sua cabeça verde. Amaro, embaraçado, curvou-se logo para um canto do sofá, onde viu os cabelinhos louros e frisados da senhora condessa que lhe enchiam vaporosamente a testa, e os aros de ouro da sua luneta reluzindo. Um rapaz gordo, de face rechonchuda, sentado diante dela numa cadeira baixa, com os cotovelos sobre os joelhos abertos, ocupava- se em balançar, como um pêndulo, um pince-nez de tartaruga. A condessa tinha no regaço uma cadelinha, e com a sua mão seca e fina cheia de veias, acamava-lhe o pêlo branco como algodão."

VI – PROBLEMÁTICA E PRINCIPAIS TEMAS

O Crime do Padre Amaro é um romance que consegue atingir seu objetivo principal de mostrar a influência do clero na burguesia provinciana portuguesa. A obra critica o comportamento imoral do clero e da sociedade de Leiria. Sua temática principal é a imoralidade e a hipocrisia social, o mundo das aparências sob o qual o sexualismo do clero esconde-se.

A obra inicia a fase realista-naturalista de Eça de Queirós, cujo objetivo central é traduzir a visão socialista do autor e destruir os valores de uma sociedade burguesa marcada pela hipocrisia, pela imoralidade, pela futilidade e pelo culto da aparência. Na presente obra, a destruição dos valores burgueses caracteriza-se pela desmoralização do clero, cujas atitudes devassas contrapõem-se aos valores morais e religiosos pregados. Amaro é exemplo desse malignidade de caráter, já que nem sequer possui vocação religiosa. Amaro escolheu a igreja por falta de opção e por obrigação de cumpri um desejo testamentário. Entretanto, não é o único cuja vida irregular contraria certos princípios fundamentais do catolicismo, como o celibato e a valorização dos bons costumes. Como vimos no enredo, são muitos os maus exemplos que Amaro recebe em Leiria, a começar por seu antigo mestre o cônego Dias, cuja vida licenciosa serve para comentários maledicentes que procura evitar com a presença de Amaro na casa da própria amante como hóspede.

Ao contrário dos romances que surgiram na terceira fase de Eça de Queirós, nos quais percebe-se uma certa esperança vinda do interior, esse romance é marcado por um forte pessimismo, já que a degradação do pároco representa a própria degradação da sociedade de Leiria e, por extensão, lusitana. Não há arrependimento nas atitudes de Amaro, corrompido até o mais íntimo de seu ser pelo desejo obsceno de possuir Amélia. Seus desejos parecem embotar sua razão durante um longo período, até que a falta de consciência e de escrúpulos é retomada e o medo de perder a boa vida faz com que deseje a morte da criança e da mulher.

Sem dúvida, encontramos na presente obra o início da mais forte ironia queirosiana, bem como algumas de suas mais contundentes críticas à sociedade lusitana. O anticlericalismo fica evidente através de pinceladas de pura ironia, que desnudam o sacerdócio sem vocação e a educação religiosa que procura elevar o padre a uma figura divina e irreal.

Assim, podemos levantar entre os principais temas apresentados:

a) Crítica à decadência moral da sociedade.
b) A hipocrisia do clero e da sociedade.
c) Censura a desconformidade entre os atos e os ideais.
d) A hipocrisia religiosa.
e) O culto das aparências.
f) O convencionalismo social.
g) Crítica à beatice doentia.

BRÁS BEXIGA E BARRA FUNDA
DE ALCÂNTARA MACHADO

I – BIOGRAFIA E BIBLIOGRAFIA

Antônio Castilho de Alcântara Machado d' Oliveira nasceu em São Paulo, em 1901. Cursou Direito pelo Largo de São Francisco, em São Paulo. No jornalismo, fez crônica teatral para o Jornal do Comércio. Participou da primeira geração do Modernismo, tendo cooperado em revistas modernas, tais como Terra Roxa, Revista de Antropofagia, Revista Nova. Mudou-se para o Rio de Janeiro, dedicando-se também à política e onde morreu em 1935.

OBRAS: *Pathé Baby* (1926), *Brás, Bexiga* e *Barra Funda* (1927), *Laranja da China* (1928), *Anchieta na Capitania de São Vicente* (1928), *Comemoração de Brasílio Machado* (1929), *Mana Maria* (1936) e *Cavaquinho e Saxofone* (1940).

II – INTRODUÇÃO

Alcântara Machado dedicou-se à elaboração de crônicas e contos. *Brás, Bexiga e Barra Funda*, publicado em 1927, teve como subtítulo "Notícias de São Paulo", o que atribuiria ao livro um conotação de coletânea de crônicas, que o autor faz questão aparente de confirmar, como veremos logo a seguir. A elaboração da obra é explicada pelo próprio autor no prefácio ou nota introdutória, ao qual ele mesmo deu o título de "Artigo de fundo":

"Este livro não nasceu livro: nasceu jornal. Estes contos não nasceram contos: nasceram notícias. E este prefácio portanto também não nasceu prefácio: nasceu artigo de fundo.

Brás, Bexiga e Barra Funda é o órgão dos ítalo-brasileiros de São Paulo.

Durante muito tempo a nacionalidade viveu da mescla de três raças que os poetas xingaram de tristes: as três raças tristes."

"Então os transatlânticos trouxeram da Europa outras raças aventureiras. Entre elas uma alegre que pisou na terra paulista cantando e na terra brotou e se alastrou como aquela planta também imigrante que há duzentos anos veio fundar a riqueza brasileira."

"Brás, Bexiga e Barra Funda, como membro da livre imprensa que é, tenta fixar tão-somente alguns aspectos da vida trabalhadeira, íntima e quotidiana desses novos mestiços nacionais e nacionalistas. É um jornal. Mais nada. Notícia. Só. Não tem partido nem ideal. Não comenta. Não discute. Não aprofunda."

Apesar das palavras do próprio autor, classificando seus contos como crônicas escritas para jornais, encontramos em seus textos um exercício artístico em direção das características daquele gênero de narrativa curta, bem delineados em apresentar clímax, conteúdo psicológico e caráter social. Entretanto, é com a sutileza do cronista que ele reconstitui a linguagem típica dos bairros italianos de São Paulo e o universo, ora dramático, ora cômico, dos imigrantes que participaram da grandeza da metrópole.

III – RESUMO DOS ENREDOS

1 GAETANINHO

"— Xi, Gaetaninho, como é bom!

Gaetaninho ficou banzando[274] bem no meio da rua. O Ford quase o derrubou e ele não viu o Ford. O carroceiro disse um palavrão e ele não ouviu o palavrão.

— Eh! Gaetaninho! Vem pra dentro.

Grito materno sim: até filho escuta. Virou o rosto tão feio de sardento, viu a mãe e viu o chinelo.

— Subito![275]

Foi-se chegando devagarinho, devagarinho. Fazendo beicinho. Estudando o terreno. Diante da mãe e do chinelo parou. Balançou o corpo. Recurso de campeão de futebol. Fingiu tomar a direita. Mas deu meia volta instantânea e varou pela esquerda porta adentro."

Gaetaninho morava na rua Oriente, no Brás. Seu sonho de menino pobre era andar de carro. Por causa disso sentia inveja do Beppino, porque este andou de carro durante o enterro da tia Peronetta. Gaetaninho dormiu e acabou sonhando que acompanhava o enterro da tia Filomena de carro. As pessoas na calçada olhavam para ele admirados. Gaetaninho foi acordado pelo canto da tia, o que acontecia todas as manhãs.

"Tia Filomena teve um ataque de nervos quando soube do sonho de Gaetaninho. Tão forte que ele sentiu remorsos. E para sossego da família alarmada com o agouro tratou logo de substituir a tia por outra pessoa numa nova versão de seu sonho.[276] Matutou, matutou, e escolheu o acendedor da Companhia de Gás, Seu Rubino, que uma vez lhe deu um cocre[277] danado de doído.

Os irmãos (esses) quando souberam da história resolveram arriscar de sociedade quinhentão no elefante. Deu a vaca. E eles ficaram loucos de raiva por não haverem logo adivinhado que não podia deixar de dar a vaca mesmo."[278]

Gaetaninho foi jogar bola de meia na calçada. Era o goleiro. Beppino meteu o pé na bola, encobrindo o goleiro. A bola foi para no meio da rua. "Gaetaninho saiu correndo. Antes de alcançar a bola um bonde o pegou. Pegou e matou." Era o mesmo bonde no qual vinha o pai de Gaetaninho. A molecada comenta com humor ao informar aos outros que ele "amassou o bonde"[279].

"Às dezesseis horas do dia seguinte saiu um enterro da Rua do Oriente e Gaetaninho não ia na boléia280 de nenhum dos carros do acompanhamento. Ia no da frente dentro de um caixão fechado com flores por cima. Vestia a roupa marinheira, tinha as ligas, mas não levava a palhetinha[281].

Quem na boléia de um dos carros do cortejo mirim exibia soberbo terno vermelho que feria a vista da gente era o Beppino."

COMENTÁRIOS: O conto atinge seu clímax de maneira absurdamente irônica, colocando o menino que o protagonista invejava acompanhando o velório deste. Essa narrativa consegue mesmo atingir um certo humor negro, apesar do desfecho trágico, pois o leitor não consegue deixar de achar um certo humor na situação absurda do protagonista.

2 CARMELA

"Dezoito horas e meia. Nem mais um minuto porque a madama respeita as horas de trabalho. Carmela sai da oficina. Bianca vem ao seu lado.

A Rua Barão de Itapetininga é um depósito sarapintado de automóveis gritadores. As casas de modas (AO CHIC PARISIENSE, SÃO PAULO-PARIS, PARIS ELEGANTE) despejam nas calçadas as costureirinhas que riem, falam alto, balançam os quadris como gangorras.

— Espia se ele está na esquina."

Carmela e Bianca saem do serviço e caminham pela rua Barão de Itapetininga em direção à praça da República. Carmela é paquerada por um rapaz em seu Buick[282], mas consegue disfarçar porque sabe que Ângelo Cuoco, entregador na Casa Clark, espera por ela. Este aguarda na praça, de sapatos vermelhos de ponta afilada, chapéu à Rodolfo Valentino[283], cansado de procurar pela namorada. Bianca caminha devagar para que Carmela possa namorar. Ângelo briga com Carmela de ciúmes. O moço do Buick fala com Bianca e consegue marcar um encontro com Carmela atrás da Igreja de Santa Cecília.

Carmela leva Bianca no primeiro encontro. Esta também a acompanha no passeio de cinco minutos no carro do rapaz. O rapaz aceita mas com certo desagrado. No segundo encontro, Carmela dispensa a amiga a pedido do rapaz. Bianca fica decepcionada e afirma que o rapaz é um pirata e conta que o Ângelo disse que Carmela está ficando mesmo uma vaca. Carmela sai de carro, enquanto Bianca fica roendo as unhas.

" Logo encontra a Ernestina. Conta tudo à Ernestina.

— E o Ângelo, Bianca?

— O Ângelo? O Ângelo é outra cousa. É pra casar.

— Hã!..."

COMENTÁRIOS: Alcântara Machado consegue registrar nessa crônica a mudança de comportamento das moças de São Paulo, que parecem separar a diversão do compromisso de casamento. O novo relacionamento seria atualmente classificado de "ficar", um mero passatempo sem compromisso.

3 TIRO-DE-GUERRA Nº 35

"No Grupo Escolar da Barra Funda Aristodemo Guggiani aprendeu em três anos a roubar com perfeição no jogo de bolinhas (garantindo o tostão para o sorvete) e ficou sabendo na ponta da língua que o Brasil foi descoberto sem querer e é o país maior, mais belo e mais rico do mundo. O professor Seu Serafim todos os dias ao encerrar as aulas limpava os ouvidos com o canivete (brinde do Chalé da Boa Sorte) e dizia olhando o relógio:

— Antes de nos separarmos, meus jovens discentes, meditemos uns instantes no porvir da nossa idolatrada pátria.

Depois regia o hino nacional. Em seguida o da bandeira. O pessoal entoava os dois engolindo metade das estrofes. Aristodemo era a melhor voz da classe. Berrando puxava o coro. A campainha tocava. E o pessoal desembestava pela Rua Albuquerque Lins vaiando Seu Serafim."

Aristodemo estudou no Grupo Escolar da Barra Funda, onde aprendeu a roubar e cantar hinos da pátria. Trabalhou na oficina mecânica do cunhado. Chegou a jogar no Juvenil Flor de Ouro F. C., como reserva, do qual foi expulso por falta de pagamento. Aos vinte anos, brigou com o cunhado, e foi trabalhar como cobrador de bonde na Companhia Autoviação Gabrielle d'Annunzio. "De farda amarela e polainas vermelhas."

Entrou para o Tiro-de-Guerra nº 35. Por causa do sargento Aristóteles Camarão de Medeiros, um cearense, também se tornou um grande amante da pátria. Por causa desse amor pela pátria, acabou brigando com o alemãozinho, porque este estava escachando com o hino nacional.

"— Que é que você está me dizendo, Aristodemo?

— Escachando, Seu Sargento. Pode perguntar para qualquer um da esquadra. Em vez de cantar ele dava risada da gente. Eu fui me deixando ficar com raiva e disse pra ele que ele tinha obrigação de cantar junto com a gente também. Ele foi e respondeu que não cantava porque não era brasileiro. Eu fui e disse que se ele não era brasileiro é porque então era... um... eu chamei ele de... eu ofendi a mãe dele, Seu Sargento! Ofendi mesmo. Por Deus do céu. Então ele disse que a mãe dele não era brasileira para ele ser... o que eu disse. Então eu fui. Seu Sargento, achei que era demais e estraguei com a cara do desgraçado! Ali na hora."

Aristodemo explica tudo ao sargento, que o suspende por um dia e desliga Guilherme Schwertz do tiro-de-guerra por "ter-se mostrado indigno de ostentar a farda gloriosa de soldado nacional pelas injúrias infamérrimas[284] que ousou levantar contra a honra imaculada da mulher brasileira e principalmente da Mãe, acrescendo que cometeu semelhante ato delituoso contra a honra nacional no momento sagrado em que se cantava nesta sede o nosso imortal hino nacional". O sargento ainda aproveita a ordem do dia para elogiar a atitude de Aristodemo "sob o ponto de vista do patriotismo, embora com menos violência apesar da limpeza, digo, da limpidez das intenções".

O patriotismo de Aristodemo Guggiani tornou-se tão exagerado que ele pediu demissão do cargo de cobrador da Companhia Autoviação Gabrielle d'Anunuzio, passando a trabalhar na Sociedade de Transportes Rui Barbosa, Ltda.

Na mesma linha: Praça do Patriarca - Lapa.

COMENTÁRIOS: Encontramos nesse conto um bom exemplo de crítica ao patriotismo cego de alguns indivíduos. Aristodemo é mostrado desde o início como um indivíduo de índole pouco meritória de confiança: espertalhão, vagabundo, ladrão. Inacreditavelmente, torna-se, por força das circunstâncias, imbuído de um nacionalismo tão forte que agride fisicamente um colega de tiro-de-guerra que, depois de xingar sua mãe, ofende o hino nacional. A comicidade deste conto é a carta escrita pelo sargento na "ordem do dia", cujas falhas parecem a verdadeira intenção do militar de aplaudir o jovem patriota.

4 AMOR E SANGUE

Nicolino vai para a barbearia distraído. Está incomodado com Grazia, que não quer falar com ele por causa dos seus ciúmes. Não consegue nem mesmo dar atenção aos fregueses. Nicolino ouve um freguês contar sobre um crime passional que lera no jornal. O barbeiro Salvador toma o partido do assassino que, segundo o jornal, estava privado de sentidos. Temístocles não concorda e alega que não há drama de amor coisa nenhuma.

"— Mas parece que o moço tinha razão de matar a moça.

— Qual tinha razão nada, seu! Bandido! Drama de amor cousa nenhuma. E amanhã está solto. Privações de sentidos. Júri indecente, meu Deus do Céu! Salvador, Salvador... - cuidado aí que tem uma espinha - ... este país está perdido!

— Todos dizem.

Nicolino fingia que não estava escutando. E assobiava a Scugnizza.

As fábricas apitavam."

Nicolino procurou Grazia na fábrica, mas a moça recusou-se a falar com ele. No dia seguinte, a cena repetiu-se. Nicolino insistiu, mas Grazia recusou-se a falar com ele. Nicolino chegou a ameaçar suicídio, mas nem mesmo isto comoveu a moça. Nicolino derrubou Grazia com uma punhalada.

Ao ser preso, alegou que "... matei ela porque estava louco, Seu Delegado!"

No dia seguinte, os jornais utilizaram a frase, que também virou letra música, numa paródia batizada de "Assassinato por amor": "Eu estava louco / Seu Delegado!/ Matei por isso!/ Sou um desgraçado!"

COMENTÁRIOS: O conto é um típico drama urbano motivado pelo passionalismo. O protagonista aproveitou-se da manchete comentada pelo freguês da barbearia para justificar seu ato criminoso. O tom do texto é predominante de ironia.

5 A SOCIEDADE

"— Filha minha não casa com filho de carcamano[285]!

A esposa do Conselheiro José Bonifácio de Matos e Arruda disse isso e foi brigar com o italiano das batatas. Teresa Rita misturou lágrimas com gemidos e entrou no seu quarto batendo a porta. O Conselheiro José Bonifácio limpou as unhas com o palito, suspirou e saiu de casa abotoando o fraque."

A esposa do Conselheiro José Bonifácio de Matos e Arruda avisou o marido que filha sua não se casaria com filho de carcamano e procurou o italiano das batatas para discutir. Teresa Rita ouviu a mãe e bateu a porta do quarto. O Conselheiro José Bonifácio limpou as unhas com o palito, suspirou e saiu de casa abotoando o fraque.

Adriano Melli, filho do carcamano, passou com seu Lancia[286] e buzinou para chamar a namorada. Teresa Rita fechou o livro e foi para o terraço. A mãe obrigou a filha a entrar, ameaçando contar tudo ao pai. Adriano Melli continuou a ir e vir em seu automóvel, sempre buzinando na rua da Liberdade. Desapontado, o rapaz acabou seguindo para a Avenida Paulista.

A mulher insistiu com o marido que não aceitaria o casamento da filha, mas depois de uma visita do próprio carcamano, Cav. Uff.[287] Salvatore Melli, na qual propôs uma sociedade, a coisa toda foi resolvida. O carcamano entraria com o capital e o conselheiro com os terrenos. Prepapariam trinta alqueires e venderiam logo grande parte para os operários da fábrica do próprio carcamano. Lucro certo, mais que certo, garantidíssimo.

"— Per Bacco, doutor! Mas io tenho o capital. O capital sono io. O doutor entra com o terreno, mais nada. E o lucro se divide no meio."

O capital indicou o filho Adriano para gerenciar a sociedade. Seis meses depois veio a outra proposta com o convite de casamento da filha do conselheiro com o filho de Salvatore Melli.

Durante o chá do noivado o Cav. Uff. Melli recordou à mãe da futura nora os bons tempos em que lhe vendia cebolas e batatas, Olio di Lucca e bacalhau português, quase sempre fiado e até sem caderneta.[288]

COMENTÁRIOS: Nesse conto de nítidas intenções de crítica social, o autor mostra o jogo de interesses da sociedade paulistana das primeiras décadas do século XX. Sem dúvida, fica nítido o confronto entre a tradição quatrocentona paulistana (nem tão antiga assim como o texto deixa claro) arruinada e a burguesia comercial e industrial ascendente, dominada quase sempre por imigrantes italianos. O casamento dos filhos desses dois grupos sociais fundamenta a integração não somente nupcial e também econômica da sociedade paulistana com os imigrantes.

6 LISETTA

"Quando Lisetta subiu no bonde (o condutor ajudou) viu logo o urso. Felpudo, felpudo. E amarelo. Tão engraçadinho.

Dona Mariana sentou-se, colocou a filha em pé diante dela.

Lisetta começou a namorar o bicho. Pôs o pirulito de abacaxi na boca. Pôs mas não chupou. Olhava o urso. O urso não ligava. Seus olhinhos de vidro não diziam absolutamente nada. No colo da menina de pulseira de ouro e meias de seda parecia um urso importante e feliz."

A menina rica aproveitou-se do interesse da Lisetta para exibir o brinquedo. "Lisetta sentia um desejo louco de tocar no ursinho. Jeitosamente, procurou alcançá-lo. A menina rica percebeu, encarou a coitada com raiva, fez uma careta horrível e apertou contra o peito o bichinho que custara cinqüenta mil-réis na Casa São Nicolau."

A mãe de Lisetta, Dona Mariana, desculpou-se em italiano, mas não conseguiu a atenção da mãe da outra menina. Impaciente, deu um beliscão na filha, que armou um escândalo. A impaciência da mãe aumentou mais.

A menina rica desceu e provocou Lisetta, agitando o urso. Lisetta queria viajar sentada, mas acabou ganhando outro beliscão, porque a mãe havia pago apenas uma passagem. Ao chegar em casa, Lisetta apanhou sem piedade da mãe. A chegada do irmão mais velho impediu que a surra prosseguisse. Só ele defendeu a irmã, dando-lhe razão. O irmão acabou fazendo para Lisetta um urso de lata. Lisetta impediu que os outros irmãos menores tocassem no ursinho. Correu para o quarto e trancou-se com o brinquedo lá dentro.

"Os irmãos chegaram-se para admirar. O Pasqualino quis logo pegar no bichinho. Quis mesmo tomá-lo à força. Lisetta berrou como uma desesperada:

— Ele é meu! O Ugo me deu!

Correu para o quarto. Fechou-se por dentro."

COMENTÁRIOS: Um ponto de destaque na obra de Alcântara Machado é a construção das personagens, valorizada sobremaneira pelo contraponto social entre a mesmas. Nesse conto, em particular, a situação conflitiva é criada a partir de um simples brinquedo, que simboliza a riqueza em confronto com a pobreza. A inocência infantil impede a criança de entender a distância entre o desejo de posse de um objeto e a ação que conduz à realização desse desejo. O simples olhar de Lisetta para o objeto da menina rica fez com que esta aproveitasse para provocar ainda mais o desejo da outra, indicando claramente a inocente mas incômoda maldade infantil. A provocação nada mais é do que uma forma de acentuar a posse e o direito sobre o objeto, incentivando Lisetta a desejar ainda mais o ursinho. O desejo da menina provoca o incômodo social da mãe que, sem sucesso, tenta desculpar-se e, diante do choro da filha, limita-se a descontar sua raiva na menina. A atitude final de Lisetta, trancando-se no quarto com o ursinho de lata,, pode ser considerada como um reflexo incondicionado do egoísmo aprendido com a menina rica. Esse conto, como pudemos claramente perceber, é psicológico e um dos mais bem realizados da presente obra.

7 CORINTHIANS (2) VS. PALESTRA (1)

Miquelina e Iolanda assistem ao jogo entre o Corinthians e o Palestra (Palmeiras) no Parque Antártica. O namorado de Miquelina, Rocco, é jogador do Palestra. Do outro lado, está o ex-namorado da moça, Biagio, que é meia-direita. A moça torce pelo Palestra. Miquelina aproveita o intervalo para mandar o irmão avisar o Rocco que o perigo do time é Biagio.

"Biagio alcançou a bola. Aí, Biagio! Foi levando, foi levando. Assim, Biagio! Driblou um. Isso! Fugiu de outro. Isso! Avançava para a vitória. Salame nele, Biagio! Arremeteu. Chute agora! Parou. Disparou. Parou. Aí! Reparou. Hesitou. Biagio Biagio! Calculou. Agora! Preparou-se. Olha o Rocco! É agora. Aí! Olha o Rocco! Caiu.

— CA-VA-LO!

Prrrrii!

— Pênalti!

Miquelina pôs a mão no coração. Depois fechou os olhos. Depois perguntou:

— Quem é que vai bater, Iolanda?

— O Biagio mesmo.

— Desgraçado.

O medo fez silêncio."

Faltavam apenas oito minutos para o final, quando Rocco fez penalti em Biagio, que fez o gol e desempatou a partida. A vitória do Corinthians faz Miquelina encher-se de dor e sair arrasada, culpando Rocco pela derrota. Miquelina aproveitou para pedir ao irmão que a levasse à Sociedade Beneficente e Recreativa do Bexiga, lugar freqüentado pelo ex-namorado, Biagio.

COMENTÁRIOS: Conto menos complexo que os demais, tem mais traços de crônica do que propriamente de conto. Focaliza uma situação banal: uma jovem querendo vingar-se do ex-namorado jogador de futebol, mas que acaba decepcionada com o atual namorado e parece ir ao encontro do antigo, depois de culpar o atual namorado pela derrota de seu time.

8 NOTAS BIOGRÁFICAS DO NOVO DEPUTADO

"O coronel recusou a sopa.

— Que é isso, Juca? Está doente?

O coronel coçou o queixo. Revirou os olhos. Quebrou um palito. Deu um estalo com a língua.

— Que é que você tem, homem de Deus?"

O coronel Juca recebera uma carta do administrador da fazenda, comunicando a morte de seu compadre João Intaliano. O administrador da fazenda Santa Inácia informou que recolhera o órfão Gennarinho e pedia instruções sobre o que fazer com o menino.

O coronel e a esposa D. Nequinha decidiram receber o menino.

"Gennarinho desceu na estação da Sorocabana com o nariz escorrendo. Todo chibante. De chapéu vermelho. Bengalinha na mão. Rebocado pelo filho mais velho do administrador. E com uma carta para o Coronel J. Peixoto de Faria.

Tomou o coche Hudson que estava à sua espera.

Veio desde a estação até a Avenida Higienópolis com a cabeça para fora do automóvel soltando cusparadas. Apertou o dedo no portão. Disse uma palavra feia. Subiu as escadas berrando.

— Tire o chapéu.

Tirou.

— Diga boa noite.

Disse.

— Beije a mão dos padrinhos.

Beijou.

— Limpe o nariz.

Limpou com o chapéu."

Acabaram afeiçoando-se muito ao garoto. Foi tanto apego que o coronel decidiu apresentar o menino ao diretor do colégio de padres como Januário Peixoto de Faria. Depois de deixar o menino no colégio, o coronel Juca seguiu para o São Paulo Clube, já pensando em fazer testamento.

COMENTÁRIOS: Temos aqui uma típica situação de perda de identidade. Gennarinho tem seu nome mudado para atingir a condição necessária para tornar-se herdeiro da grande fortuna de um fazendeiro do café. A nota de ironia desse conto fica por conta do preconceito com a origem italiana da personagem. O título do conto não é aleatório, uma vez que o relato resultaria de anotações para uma futura biografia do próprio Gennarinho que seria o novo deputado.

9 O MONSTRO DE RODAS

"O Nino apareceu na porta. Teve um arrepio. Levantou a gola do paletó.

— Ei, Pepino! Escuta só o frio!

Na sala discutiam agora a hora do enterro. A Aída achava que de tarde ficava melhor. Era mais bonito. Com o filho dormindo no colo Dona Mariângela achava também. A fumaça do cachimbo do marido ia dançar bem em cima do caixão.

— Ai, Nossa Senhora! Ai, Nossa Senhora

Dona Nunzia descabelada enfiava o lenço na boca.

— Ai, Nossa Senhora! Ai, Nossa Senhora.

Sentada no chão a mulata oferecia o copo de água de flor de laranja.

— Leva ela pra dentro!

— Não! Eu não quero! Eu... não... quero!...

Mas o marido e o irmão a arrancaram da cadeira e ela foi gritando para o quarto. Enxugaram-se lágrimas de dó.

— Coitada da Dona Nunzia!"

Era carnaval. Dona Nunzia estava cercada pelos amigos e vizinhos. Desesperada, por causa da morte da filha, ouviu a opinião de todos sobre o enterro da menina. As pessoas mostraram-se mais preocupadas em discutir a impunidade do rapaz rico que atropelara a menina do que com a situação de Dona Nunzia. A dor parecia destinar-se apenas a Dona Nunzia, inconformada que estava com a perda da filha. No caminho do enterro, discutiam futebol. As moças brigavam para pegar na alça do caixão quando se aproximaram da avenida Angélica, com a intenção de se mostrarem para os rapazes que passavam em direção dos bailes de carnaval. As pessoas que passavam na rua rendiam homenagens discretas ao cortejo fúnebre, enquanto seguiam para as festas carnavalescas.

"Aída voltou com a chave do caixão presa num lacinho de fita. Encontrou Dona Nunzia sentada na beira da cama olhando o retrato que a Gazeta publicara. Sozinha. Chorando.

— Que linda que era ela!

— Não vale a pena pensar mais nisso, Dona Nunzia...

O pai tinha ido conversar com o advogado."

COMENTÁRIOS: Nesse conto, encontramos um corte comum no cotidiano das pessoas. A morte de uma menina atropelada durante o carnaval parece cena rotineira. O autor constrói em cada cena a indiferença das pessoas diante da morte de uma criança, cada um preocupado com seus próprios problemas ou interesses, cumprindo as formalidades exigidas diante das circunstâncias sem se envolverem emocionalmente. A atitude do pai, mais preocupado com a indenização que poderia conseguir do rapaz rico que atropelou a filha, parece mostrar a frieza das pessoas diante da dor de uma mãe.

10 ARMAZÉM PROGRESSO DE SÃO PAULO

"O armazém do Natale era célebre em todo o Bexiga por causa deste anúncio:

Aviso às Excelentissimas Mães de Família!

o

Armazém Progresso de São Paulo

DE

NATALE PIENOTTO
TEM ARTIGOS DE TODAS AS QUALIDADES
DÁ-SE UM CONTO DE RÉIS A QUEM PROVAR
O CONTRÁRIO
N. B. - Jogo de bocce com serviço de restaurante
nos fundos."

Natale anunciava em sua propaganda que oferecia um conto de réis a quem não encontrasse em seu estabelecimento qualquer mercadoria que desejasse. Natale vendia cigarro ao filho do doutor da esquina, marcando na caderneta outro tipo de produto para que o pai do rapaz não desconfiasse.

Natale gostava de observar a Confeitaria Paiva Couceiro, em frente, que estava em dificuldades e devia-lhe dinheiro. Pensava em comprar a mercadoria do português por um bom preço no leilão de falência. A mulher de Natale contou que o preço da cebola iria subir. Natale aproveitou-se dessa informação obtida com um funcionário do Abastecimento e procurou o português. Conseguiu fechar o negócio, comprando todo o estoque de cebolas do adversário muito barato.

"Deu na Dona Bianca um empurrão contente da vida, deu uma volta sobre os calcanhares, deu um soco na cômoda, saiu e voltou com meio litro de Chianti Ruffino. Parou. Olhou para a garrafa. Hesitou. Saiu de novo. E trouxe meia Pretinha..[289]

Dona Bianca deitou-se sem apagar a luz. Olhou muito para o Dino que dormia de boca aberta. Olhou muito para o Santo Antonio di Padova col Gesù Bambino bem no meio da parede amarela. Mais uma vez olhou muito para o Dino que mudara de posição. E fechou os olhos para se ver no palacete mais caro da Avenida Paulista."

COMENTÁRIOS: Esse conto mostra bem o comportamento velhaco e ambicioso dos comerciantes italianos diante da concorrência, bem como a atitude sovina que os leva muitas vezes a ajuntar dinheiro sem se aproveitarem de tudo que guardam. Vale destacar a propaganda enganosa empregada na tabuleta na entrada do estabelecimento.

11 NACIONALIDADE

O barbeiro Tranquillo Zampinetti torcia pela vitória da Itália na guerra. Incomodava-o o fato dos filhos não falarem italiano.

Lorenzo e Bruno não queriam saber de aprender o italiano. Enfurecido pela indiferença dos meninos, encontrava razões para uma boa surra. Tranquillo sonhava com um retorno para a pátria.

"O assunto já sabe: Itália. Itália e mais Itália. Porque a Itália isto, porque a Itália aquilo. E a Itália quer, a Itália faz, a Itália é, a Itália manda.

Giacomo era menos jacobino. Tranquillo era muito. Ficava quieto porém.

É. Ficava quieto. Mas ia dormir com aquela idéia na cabeça: voltar para a pátria.

Dona Emília sacudia os ombros."

O sonho de voltar para a Itália foi sendo adiado em função do crescimento dos filhos. Aos poucos foi também enriquecendo. Incentivado por Ferrucio, experimentou votar ilegalmente e gostou. Tornou-se influente na política.

O noivado do filho mais velho e os estudos do outro também influenciaram. Perdeu o interesse pela guerra. Por fim, fechou a barbearia, melhorou seu português, comprou lugar no cemitério do Araçá para a família.

A formatura do filho mais novo em Direito e o nascimento de um neto brasileiro fizeram Tranquillo tomar a decisão: "O primeiro serviço profissional do Bruno foi requerer ao Ex.mo Sr. Dr. Ministro da Justiça e Negócios Interiores do Brasil a naturalização de Tranquillo Zampinetti, cidadão italiano residente em São Paulo."

COMENTÁRIOS: A perda das raízes e o abrasileiramento da personagem resultam de seu processo de aceitação e adaptação às condições da nova terra. A família parece determinar a mudança de comportamento de Tranquillo, que acaba se tornando também brasileiro. Há no conto elementos de crítica social, bem como elementos históricos, tal como a ascensão dos imigrantes italianos.

IV – ESTRUTURA DA OBRA

Brás, Bexiga e Barra Funda é uma coletânea que apresenta onze contos narrados em terceira pessoa, ora há narrador observador, ora narrador onisciente. Todos os contos apresentam o espaço urbano de São Paulo. Este espaço é valorizado pela citação de nomes de bairros e ruas da cidade, predominantemente daqueles que são citados no título da presente obra. Vários contos apresentam tempo cronológico curto, em geral de um único dia. Emprega-se tanto o discurso direto, indireto e indireto livre. A linguagem é coloquial, utilizando em vários momentos um certo português macarrônico, ou seja, misturando português e italiano, em algumas passagens o italiano mesmo.

A simplicidade das personagens e dos cenários interiores decorre, evidentemente, da vida modesta das pessoas focalizadas em quase todos os contos. Um traço importante dessas personagens decorre da origem de imigrantes pobres que assim se mantiveram ou fizeram fortuna, mas não ganharam classe, tornando-se "novos ricos". A mistura de classes sociais aparece em alguns contos do livro, denotando elementos claros de crítica social.

V – ESTILO DE ÉPOCA E ESTILO INDIVIDUAL

Alcântara Machado está inserido na primeira fase do Modernismo brasileiro, tendo feito parte da geração desbravadora de 22. Essa classificação é facilmente confirmada pela presença de um estilo criativo, que incorpora uma pesquisa de linguagem típica da primeira geração. Alcântara Machado recria a língua falada pelos imigrantes italianos, uma mistura do italiano com elementos correntes no português da época. Esse falar ítalo-paulistano ainda pode ser facilmente encontrado em São Paulo, o que dá a boa parte dos paulistanos um sotaque carregado.

Ao contrário do que alguns professores menos preocupados com o estudo do fenômeno modernista brasileiro costumam afirmar, nosso modernismo recebeu pouquíssima influência das vanguardas européias das primeiras décadas do século XX. Essa independência pode ser claramente lida no primeiro grande manifesto de nosso modernismo que é o "Prefácio Interessantíssimo" de Mário de Andrade em sua obra Paulicéia Desvairada, que mostra a afirmação de independência do autor-poeta em relação ao Futurismo de Marinetti. Ainda que possamos perceber vestígios das influências vanguardistas em Oswald de Andrade, dado a certos modismos em seus primeiros livros, cabe defender a liberdade buscada pelo movimento como um todo e também a valorização de um sentimento de brasilidade que gerou a grande autonomia de nossos primeiros modernistas. Vale ainda ressaltar que graças a essa independência Mário de Andrade foi procurar nos versos harmônicos o caminho de sua poesia; Oswald no humorismo paródico e fanfarrão; e Manuel Bandeira na sensibilidade sem bandeiras.

Alcântara Machado, à maneira de outro paulistano, Juó Bananere, valoriza o falar ítalo-paulistano como modelo lingüístico para construir solidamente suas personagens saídas dos bairros italianos de São Paulo. Entretanto, mostra sua independência do modelo ao integrar a língua italiana ao português coloquial, preservando a predominância deste último. Esse traço de oralidade dá verossimilhança às suas personagens e consistência a seus relatos. O confronto entre a pobreza de muitos e a riqueza de outros constitui o traço de crítica social presente na obra, denunciando a mudança de status histórica na Paulicéia das primeiras décadas do século XX, a decadência da oligarquia rural enriquecida pelo café cede espaço a uma burguesia industrial mais afinada aos novos tempos que se desenhariam a partir de então.

A estrutura dos contos de Alcântara Machado mostra bem esses traços de modernidade que valorizam a liberdade formal. O autor mistura trechos de notícias de jornal, convites ou propagandas em alguns de seus contos. O casamento da literatura com os elementos prosaicos do cotidiano era um traço de modernidade inaceitável um pouco antes.

VI – PRINCIPAIS TEMAS E PROBLEMÁTICA

Muitos são os temas encontrados em Brás, Bexiga e Barra Funda, quase sempre intimamente ligados à intenção modernamente crítica do autor. Vejamos alguns desses temas:

— O sonho da ascensão social.

— Patriotismo com o Brasil versus amor à Itália.

— Crítica social.

— Ambição.

— O interesse sócio-econômico.

— O preconceito sócio-racial.

— A decadência da sociedade paulistana tradicional.

— A presença dos novos-ricos.

— A inocência da criança apesar de certa maldade no trato com outras crianças, o sentimento de inveja e o egoísmo infantil.

— A vulgaridade no vestuário.

QUADRO CRONOLÓGICO DOS ESTILOS

A FARSA DE INÊS PEREIRA
ERA MEDIEVAL
HUMANISMO (século XV)

1) Cronologia:
Portugal: 1418 ou 1434 - Nomeação de Fernão Lopes.

2) Contexto Histórico:
a) Feudalismo.
b) Expansionismo marítimo.
c) Mercantilismo.

3) Origem: Itália.

4) Gêneros Literários:
Poesia Palaciana, Historiografia, Novelas de Cavalaria e Teatro Popular.

5) Autores: Fernão Lopes, Garcia de Resende, Gil Vicente.

UBIRAJARA
ERA MODERNA
ROMANTISMO (SÉC. XIX)

1) Cronologia:
Portugal: 1825 - Camões de Almeida Garrett.
Brasil: 1836 - Suspiros Poéticos e Saudades de Gonçalves de Magalhães.

2) Contexto Histórico:
a) Ascensão da burguesia.
b) Revolução Industrial.
c) Revolução Francesa.
Brasil:
a) Vinda da Família Real.
b) Independência do Brasil.
c) Guerra do Paraguai.

3) Origem: Alemanha e Inglaterra.

4) Características: Sentimentalismo, egocentrismo, pessimismo, espírito de rebeldia, nacionalismo e indianismo, nativismo, idealização da mulher, evasão ou escapismo, culto da morte e da solidão, melancolia e tédio da vida.

5) Autores:
Portugal: Almeida Garrett, Alexandre Herculano, Camilo Castelo Branco e Antônio Feliciano de Castilho.
Brasil:
a) Prosa: Joaquim Manuel de Macedo, Manuel Antônio de Almeida, José de Alencar, Bernardo Guimarães, Franklin Távora, Visconde Taunay.
b) Poesia: Gonçalves de Magalhães, Gonçalves Dias, Álvares de Azevedo, Casimiro de Abreu, Fagundes Varela, Junqueira Freire, Castro Alves, Tobias Barreto e Sousândrade.

O CRIME DO PADRE AMARO
ERA MODERNA
REALISMO-NATURALISMO (SÉC. XIX)

1) Cronologia:
Portugal: 1865 - Questão Coimbrã.
Brasil: 1881 - Memórias Póstumas de Brás Cubas, de Machado de Assis.

2) Contexto Histórico:
a) Cientificismo.
b) Segunda Revolução Industrial.
c) Comunas de Paris.
d) Positivismo - Auguste Comte.
e) Determinismo - H. Taine.
f) Socialismo - Marx e Engels.
g) Evolucionismo - C. Darwin.

3) Origem: França - Madame Bovary (1857), de Gustave Flaubert.

4) Características: Racionalismo, objetivismo, contemporaneidade, psicologismo, personagens comuns, minuciosidade descritiva, formalismo, pessimismo, preocupação sócio-política, romance de tese (Naturalismo), romance documental (Realismo).

5) Autores:
Portugal: Antero de Quental, Eça de Queirós, Guerra Junqueiro, Ramalho Ortigão, Teófilo Braga e Cesário Verde.
Brasil: Machado de Assis, Raul Pompéia, Aluísio de Azevedo, Adolfo Caminha, Inglês de Sousa, Júlio Ribeiro.

BRÁS, BEXIGA E BARRA FUNDA
ERA MODERNA
MODERNISMO
PRIMEIRA GERAÇÃO

1) Cronologia:
Portugal: Revista Orpheu (1915).
Brasil: Semana de Arte Moderna (1922).

2) Contexto Histórico:
a) Primeira Guerra Mundial.
b) Revolução Russa.
c) Industrialização (Brasil).
d) Imigração italiana (Brasil).
e) Greve operária em São Paulo.

3) Características: Liberdade formal, temática e gramatical, humorismo, versilibrismo, presença da paródia, do poema-piada e do poema-minuto, sentimento de brasilidade, cotidianismo, rebeldia contra o passado histórico-literário, reação contra o academicismo e o parnasianismo, valorização da língua e da cultura popular.

4) Autores:
Portugal: Fernando Pessoa, Almada Negreiros, Mário de Sá-Carneiro.
Brasil: Mário de Andrade, Oswald de Andrade, Manuel Bandeira, Ronald de Carvalho, Raul Bopp, Cassiano Ricardo, Menotti del Picchia, Alcântara Machado.

1 Motivo, tema.
2 Episódio cômico colhido em flagrante na vida da personagem típica.
3 Quem, vendo-vos, sofre e morre,/ que fará quando não vos vir?
4 Costurar, bordar.
5 A meu contento.
6 Fechada, trancada.
7 Costura feita em travesseiros.
8 Inês ameaça não coser nem mais um ponto.
9 Ficar sempre num mesmo lugar.
10 Mesmo que menos eu.
11 Macaca.
12 Os versos sugerem a alegria de Inês de poder ficar à janela, sem trabalhar. Mantivemos o acento original em aleluia como no original para manter a rima na estrofe.
13 Inflamação debaixo da unha.
14 Estabelece-se aqui o conflito entre mãe e filha. A primeira defende o trabalho como valorização da pessoa. A segunda não suporta a escravidão das tarefas domésticas.
15 Por ali.
16 Membro do clero, padre.
17 Por Deus.
18 Atacou-me, tomou conta de mim.
19 Rapaz.
20 Sobrava, no sentido de que era muito homem.
21 Era um idiota, grandalhão.
22 Labuta, trabalho.
23 Absolverei, perdoarei.
24 O Breviário de Praga (1494) é um livro de rezas dos clérigos que apresenta

fórmulas de absolvições. Entretanto, Gil Vicente emprega a ambigüidade do termo bragas, que se refere a calças.
25 Equivalente a pedido de socorro.
26 Quando viu seus planos frustrarem.
27 Gola.
28 Maneira.
29 Colheita.
30 Brincadeira.
31 Deixou-me.
32 A mãe de Inês conta que também foi atacada por um homem no tempo da poda.
33 Em má hora.
34 Se não estivesse rouca, eu gritaria.
35 Catarro e tosse.
36 Mesmo que vontade de rir.
37 Para.
38 Outro.
39 Plantou.
40 No sentido de manter conjunção carnal.
41 Assim cortesia.
42 Chorar e arrancar os cabelos, como as mulheres violentadas procediam, segundo costume medieval.
43 Mesmo que tosquiada, tosada, cabelos cortados curtos.
44 Juízo.
45 Luta, briga.
46 Uma.
47 Alusão ao fato de que Lianor parecia já disposta a entregar-se aos desejos do clérigo.
48 Alfere-mor da Ordem de Cristo em Tomar, onde acontece a cena. A intenção de Gil Vicente foi nitidamente fazer os espectadores rirem, já que o personagem citado era metido a conquistador.
49 Como costumas.
50 Agarrar.
51 Isto não tem importância.
52 Deveria ter-lhe dado uma boa lição.
53 Topo da cabeça, parte comumente raspada entre os clérigos. A expressão às vezes arranca risos porque apresenta certa ambigüidade, aludindo ao órgão masculino.
54 Empurrão.
55 Afável, terna, branda, suave.
56 "Amiga e bom amigo esquentam mais que a boa lenha". Encontramos o emprego de ditos populares na obra vicentina, o que revela o papel fundamental da literatura de preservação da memória popular.
57 Combinada, acertada.
58 Roceiro, caipira.
59 Casaco e capuz.

60 Em hora muito má.
61 Homem discreto seria aquele que possuísse as virtudes palacianas, ou seja, o saber, a educação, a finura.
62 Agrada.
63 Ditado popular: "Cada louco com sua mania".
64 Com uma borda (pedaço) de bolo.
65 Não pode haver dúvida.
66 Se fosse moça donzela, isso ultrapassaria tudo.
67 Moça de vida fácil.
68 Com sarnas na nuca.
69 Elegante.
70 Melhor.
71 Para que.
72 Sisuda: Séria, prudente, comportada.
73 Uma pérola para...
74 Expressão de surpresa, espanto.
75 Por acaso.
76 Freqüentador da corte.
77 Moeda de cobre.
78 Descontração.
79 A fórmula empregada para o casamento de Brás da Mata e Inês era costume na época, bastando ao casal fazer os juramentos acompanhado de testemunhas para considerar-se juridicamente válida a celebração.
80 Ponho luto.
81 Fugir.
82 Insolente.
83 Maldoso e dissimulado.
84 Contrariada em suas expectativas iniciais, Inês muda de posição quanto ao casamento, parecendo agora concordar com a opinião da Mãe. O homem culto parece ser substituído em seus sonhos por um marido manso, fácil de mandar e de ser obedecida.
85 Para usar apenas o bom senso.
86 Retoma-se aqui o mote: Quero asno que me leve e não cavalo fogoso.
87 Referência ao imperador romano Nero, comparando suas crueldades às de Brás da Mata.
88 Estabelece-se aqui uma situação cômica, já que o verbo sair teria também na época o sentido de evacuar. Pero Marques pensa que Inês pretende evacuar.
89 Vemos aqui o grau de liberdade dado a Inês pelo segundo marido. Era tudo com o que ela sonhava.
90 Indivíduo que vive solitário em lugar deserto como penitência.
91 Esmola.
92 Correspondente latino do deus Eros, deus do amor.
93 Saudade.
94 Mais uma vez emprega-se o castelhano, demonstrando o aspecto bilíngüe da corte lusitana e a capacidade de Gil Vicente de dar às personagens uma linguagem adaptada às necessidades da verossimilhança.

95 Corrigi-vos esses véus e fazei-vos bonita.
96 À boa-fé que me agrada.
97 Não me corte o frio o útero. Crença popular de que a água fria poderia suspender a menstruação, tornando a mulher estéril.
98 Pedras.
99 Colocar.
100 Para corno.
101 Louvado seja Deus.
102 Para entreter.
103 Generosidade.
104 Transpareça, mostre-se.
105 Livrar de impurezas ou falhas.
106 Motivo ou tema.
107 À margem, afastado.
108 Comentário.
109 A advertência de Alencar é fundamental para que possamos perceber a intenção do autor de criticar os comentários maldosos dos cronistas e viajantes europeus em relação à cultura indígena brasileira. A leitura atenta da obra de Alencar permite-nos concluir que em nada seus escritos tomaram como base os depoimentos dos cronistas e viajantes como elementos idealizadores. Pelo contrário, a visão que se tem do índio nesses autores é a pior possível e ainda sujeita aos visíveis preconceitos e falsos pudores dos europeus. Os verdadeiros precursores do indianismos apresentam-se bem mais próximos de Alencar. Para Nelson Weneck Sodré, Santa Rita Durão, Francisco de Melo Franco, Sousa Caldas e Basílio da Gama foram os primeiros que trataram do tema do selvagem, ainda que dentro de uma perspectiva européia.
110 Referência dos tupis ao rio Tocantins.
111 Jaguarê: Jaguar (onça) + o sufixo ê (reforço enfático à palavra a que se liga): onça, verdadeiramente onça. Significa forte, corajoso e feroz. Esse é o primeiro nome dado a Ubirajara na obra.
112 Uiraçaba: mesmo que aljava, lugar em que se guardam as flechas.
113 Variação de uvaia: fruto amarelo e ácido da arvoreta da família das mirtáceas.
114 Jaguarê chegou à idade em que o índio troca a fama do caçador pela glória do guerreiro. Para ser aclamado guerreiro por sua nação, é preciso que o jovem caçador conquiste esse título por uma grande façanha. Por isso ele deixou a taba dos seus e a presença de Jandira (nome de uma abelha, significa aquela que fabrica mel), a virgem formosa que lhe guarda o seio de esposa.
115 Significa leito do sol, aplicada pelos índios à montanha do poente, onde o sol se esconde.
116 Mesmo que carabiúba, madeira roxa, muito rija.
117 As duas expressões, torvo e iracundo possuem o mesmo significado: carrancudo, pavoroso, sinistro. Foram empregadas para reforçar a imagem.
118 Gruta ou caverna.
119 A liga vermelha simboliza a virgindade e só pode ser retirada quando a índia entrega-se ao seu esposo. Caso uma virgem entregue-se a outro que não seja o seu esposo, deve imediatamente retirar a liga e expor-se à vergonha. Esse comportamento contraria a visão das crônicas quinhentistas a respeito da promiscuidade dos índios.

120 Afluente do Tocantins, pouco depois da confluência do Araguaia. Indica o lugar da cena.
121 O nome é araguara, os guerreiros das araras, por causa dos ornatos de penas vermelhas retirados das araras.
122 Esta palavra tupi compõe-se de ará - dia, e ceí ou cejy - grande estrela. Este último nome era dado pelos indígenas às Plêiades, que lhes servia para contar os anos.
123 Contração de uma frase típica: I-po-jucá; que significa eu mato gente.
124 Pau-ferro; literalmente ubirá -madeira, e atan - duro. Rigorosamente, ubiratã é pau-pedra; pois que os indígenas não conheciam o ferro. Era dessa madeira que faziam os tacapes.
125 A atitude de Ubirajara (Jaguarê) demonstra seu brio, seus valores morais.
126 Trombeta guerreira dos índios tupis-guaranis, feita de dois pedaços de maçaranduba, colados e unidos um ao outro por tranças de cipós fortes.
127 Praça no interior de taba; terreiro de aldeia indígena.
128 Espécie de bebida preparada com a mandioca cozida e fermentada.
129 Braços que querias para tua cintura: Metáfora da língua tupi, que exprime o amor; aguaçaba, a amante, literalmente, o que se tem à cintura.
130 Espírito mau, já que na mitologia indígena não existe propriamente a figura do demônio. Anhangá representa o oposto de Tupã.
131 Os cativos viviam em plena liberdade na taba de seus senhores, e era muito raro que fugissem, porque se consideravam ligados por um vínculo, desde o momento em que o vencedor lhes calcava a mão sobre a espádua. Quebrar esse vínculo era uma desonra. Até os prisioneiros destinados ao suplício, preferiam a morte gloriosa a se rebaixarem pela fuga no conceito de seus inimigos.
132 Alegre, contente.
133 Era costume entre as tribos destinar ao valente prisioneiro a mais bela índia antes do suplício final.
134 O colibri, segundo crença indígena, leva e traz notícias do outro mundo.
135 A lei da hospitalidade não consentia que se perguntasse o nome ao estrangeiro, nem que se indagasse de sua nação.
136 História de guerra.
137 Referência a grande volume de água, significando provavelmente o oceano Atlântico.
138 Tradução de caramuru com que os tupinambás da Bahia designaram Diogo Álvares Correia. Os selvagens acreditavam que as águas eram habitadas. Nada mais natural do que chamarem ao primeiro homem branco, que lhes apareceu surgindo do oceano, Caramuru - o guerreiro do mar.
139 Referência ao âmbar.
140 Padre, sacerdote.
141 Referência a São Tomé, que teria peregrinado antes do descobrimento do Brasil.
142 Planta da família das rosáceas (Coupeia canomensis).
143 Avermelhados.
144 Espécie de maça ou clava usada pelos indígenas, feita de madeira muito dura e pesada.
145 Planta trepadeiras da família das aráceas, cujo caule tem raízes aéreas que fornecem fibras para um tipo de barbante ou corda.

146 Esta prova de destreza era usada pelos selvagens. Uma espécie de torneio para ver qual levava mais depressa o seu toro ao lugar destinado para acampamento. Esse jogo simboliza a agilidade e robustez que o marido deve possuir para disputar e proteger a esposa contra os que ousem desejá-la.
147 Serpentes.
148 Pote de barro.
149 Tipo de pássaro.
150 Corda.
151 Túnica de algodão entretecida de penas, usada pelos guaranis.
152 Conselho dos velhos entre os selvagens. Este nome deriva-se naturalmente de caraíba - varão ilustre, e ipê - lugar onde.
153 Ema.
154 Aquele que governa todos, o chefe da tribo.
155 Ubirajara demonstra seu caráter e o respeito aos costumes.
156 Tambor feito de um toro de madeira, com que, em grande parte da zona tropical sul-americana, os índios dão sinais às tabas vizinhas.
157 Mais uma mostra do moral de Ubirajara.
158 Índio bravo.
159 Cocar.
160 Menino.
161 Porcos-do-mato.
162 A ação de Ubirajara reveste-se de um forte simbolismo, representando a união das nações araguaia e tocantim.
163 Era entre as mulheres selvagens prova de amor, suspenderem-se às costas daqueles que preferiam, quando as requestavam com cantos e danças.
164 Grito de guerra.
165 A bigamia não era nenhuma novidade à cultura indígena, ao contrário, encontramos muitas referências de homens ou mulheres indígenas que possuem várias esposas ou maridos, respectivamente.
"A poligamia dos tupis foi da mesma natureza da que existiu entre os hebreus; era uma poligamia patriarcal, filha das condições da vida selvagem, e não a poligamia sensual dos turcos e outros povos do Oriente, produzida unicamente pelo requinte da libidinagem."
166 Referência à chegada dos portugueses.
167 Iniciador do Naturalismo na França.
168 Remoer, fazer a digestão, digerir.
169 Dançava a polca.
170 Trabalhador de enxada, braçal.
171 Partidário de D. Miguel, irmão de D. Pedro, herdeiro natural do trono português.
172 A ironia queirosiana não deixaria passar o fato de que o padre só era lembrado por causa dos ganidos do cão. Retirado o incômodo, foi totalmente esquecido.
173 Funcionário eclesiástico que dirige o coro. Mas Valadares era governador do bispado.
174 Como se pode notar, a personalidade do Valadares está mais voltada às pilhérias e apelidos.

175 Nesse primeiro capítulo, já encontramos as críticas que irão se fazer mais detalhadas nos capítulos seguintes. A própria comparação do cônego Dias com frades lascivos e glutões indica seu caráter de personagem-tipo, que será confirmado no decorrer do enredo.

176 Nota-se aqui a esperteza e a imoralidade do cônego Dias, que procurou diminuir as despesas com a amante ao encaixar o padre Amaro como hóspede em casa da S. Joaneira.

177 Emprego do discurso direto.

178 Vemos aqui que no início Amaro ainda mantém seus escrúpulos e o aprendizado do seminário.

179 Esta passagem mostra bem a hipocrisia religiosa que dominava o comportamento da S. Joaneira, que era amante do cônego, mas fingia preocupar-se com o jejum como garantia de salvação de sua alma.

180 Veja-se que a expressão "maquinalmente" foi empregada pelo narrador intencionalmente, indicando que no gesto de Amaro rezar faltava sentimento, fazia-o apenas por hábito, sem qualquer prazer. Amaro estava mais concentrado nos movimentos de Amélia no andar superior do que propriamente na reza.

181 O emprego do "quase" indica outra ironia queirosiana.

182 Imagem reproduzida por um aparelho primitivo de fotografia, inventado por Daguerre, pintor e físico francês (1787-1851).

183 Afecção cerebral que se manifesta de forma imprevista, acompanhada de privação dos sentidos e do movimento, determinada por lesão vascular cerebral aguda (hemorragia, embolia, trombose); qualquer das afecções resultantes da formação rápida de um derrame sanguíneo ou seroso no interior de um órgão.

184 Ironia queirosiana para criticar a futilidade da fidalguia lusitana.

185 Encontramos aqui a crítica à hipocrisia religiosa. As meninas servem-se das preocupações religiosas apenas para vencer o tédio do isolamento da primavera e do verão. A futilidade é outro elemento de crítica presente.

186 O comportamento de Amaro parece denunciar sua necessidade de estar perto das saias das mulheres, mas por motivos mais óbvios do que ouvir falar de santas, como pensava a piedosa marquesa.

187 Uma criança apagada, sem vida.

188 Se levarmos em conta a infância de Amaro, perceberemos a formação de um comportamento hipócrita e marcado por uma falsidade sem tamanho. Nesse capítulo encontramos a vocação do autor pela tendência naturalista, já que focaliza uma concepção determinista e evolucionista, enfatizando os fatores educacionais, a hereditariedade e a influência do meio como geradores do comportamento de Amaro na vida adulta.

189 Morno.

190 Encontramos aqui uma nota da infidelidade da burguesia lusitana, como também a indicação do casamento por interesse.

191 Mais uma vez uma alusão ao erotismo latente desde muito cedo em Amaro, o que indica uma clara vocação do texto para o estilo naturalista.

192 Figura: onomatopéia. Ruído provocado pelas saias que roçam no chão.

193 Galerias de colunas em volta de um pátio ou de um edifício.

194 Tecido muito forte e consistente, que se utilizava de modo especial no calçado de senhoras.

195 Sem-vergonha, tratante.
196 Esse episódio deixa bem claro o comportamento de Amaro, bem como analisa sua psicologia mais voltada aos desejos eróticos do que aos dotes da Igreja. Apesar de sua caracterização como um adolescente efeminado, Amaro sente-se atraído para as mulheres.
197 Mais uma vez retoma-se a fixação erótica de Amaro.
198 O narrador sugere que Amaro possui uma personalidade sem características definidas.
199 Professores de escola superior ou secundária. No caso, professores do seminário.
200 A passagem parece representar a influência do meio, no caso o seminário, no comportamento dos futuros padres.
201 Esse traço será marcante durante toda a trajetória da personagem. Seu comportamento é sempre indeciso, inconstante, inseguro, o que caracteriza sua vocação para títere, boneco de cordas, como pretendiam os autores naturalistas, sempre movidas pelo meio, raça ou momento.
202 O comportamento de Amaro denuncia mais uma vez a presença forte do erotismo em confronto com a crença religiosa.
203 Encantado.
204 Tapetes.
205 Carruagem fechada, de quatro rodas, para dois passageiros.
206 Poltrona para duas pessoas.
207 Crosta de pão, rosca, etc.
208 A todo momento, vemos Amaro voltado ao erotismo, ainda mais acentuado pelo luxo do cenário.
209 "A aldeia parece morta e adormecida/quando Lubim está fora."
210 Veja-se a cena caricatural que Eça de Queirós tece da burguesia de Leiria.
211 Mesmo que loto ou bingo.
212 Extremidade carbonizada de mecha de um lampião ou lamparina.
213 Blusão vermelho usado exteriormente.
214 Cheio de frio.
215 Pele preta, cinza ou marrom de cordeiro caracu morto imediatamente depois de nascer, e que é empregada em agasalho e enfeites.
216 A passagem em itálico mostra nítida influência do impressionismo.
217 Barco pequeno.
218 O capítulo deixa claro o comportamento sonhador e apaixonado de Amélia desde a adolescência, sempre cercada pela falsidade da vida religiosa que a beatice local cultuava.
219 Emprego da ironia, já que o termo amigo está aqui para amante da S. Joaneira.
220 Conjunto ou corporação dos cônegos de uma catedral.
221 Móvel com prateleiras; aparador.
222 Obra dramática e musical de origem espanhola, espécie de ópera-cômica, na qual alternadamente se declama e se canta.
223 Empregado de repartição pública, escrevente, secretário.
224 A passagem deixa claro que Amaro sentia ciúmes de Amélia com João Eduardo.

225 Estado de quem tem ou é concubina ou concubino; amasio, comborçaria. Forma de união conjugal socialmente reconhecida, distinta do casamento.
226 Unidade de medida para líquidos.
227 O narrador caracteriza Libaninho como uma figura efeminada.
228 O episódio serve para demonstrar o comportamento do clero, que abusa da mesa farta enquanto há fome entre os fiéis. O cônego Dias deixa evidente seu desprezo e indiferença à miséria alheia.
229 Nota-se que Amaro não estava até aqui totalmente corrompido pelos maus hábitos dos clérigos locais.
230 Sombriamente, sinistramente.
231 Joaninha prostituíra-se depois de abandonada por um padre, de quem fora amante. Entregava-se aos soldados e definhava. Amélia avistara Joaninha há pouco a discutir com um soldado que lhe atirara um rato, fazendo verdadeiro escândalo.
232 Figura: comparação ou símile.
233 Nos momentos que o desejo falava mais alto, o Padre Amaro arrependia-se do sacerdócio ao qual havia sido impelido pela Marquesa.
234 É interessante o comportamento fingido dos dois que parece gerar verdadeiro gozo. O segredo disfarçado e reforçado pela cumplicidade torna-se uma espécie de paliativo para o prazer maior que só viria com a comunhão física.
235 Referência às sobrinhas que Natário mantinha em sua casa.
236 Que se veste com apuro, elegante, muito enfeitado.
237 Ave de rapina, européia, da família dos falconídeos.
238 Luxúria, libidinagem, sensualidade.
239 Ressentimento passageiro.
240 Tolo, afetado, pedante, fútil.
241 Vestido com apuro, elegante, muito enfeitado.
242 Saudação que consiste em tirar da cabeça o barrete ou o chapéu.
243 A crítica fica evidente nessa passagem. O líder da oposição, que não se cansava de atacar o clero e o governo civil, depois de feitas as pazes com os adversários, recusa-se a deixar João Eduardo atacar o clero degenerado de Leiria.
244 A posição do médico deixa claro o domínio exercido pela Igreja através dos párocos sobre a população religiosa.
245 Referência ao sacrifício dos cristãos.
246 Amaro atingiu o máximo de seu cinismo e hipocrisia. Aproveitou-se da boa fé das devotas para fazer-se de santo abnegado, capaz de dar a outra face a quem o ofendesse. Isso elevou ainda mais a devoção da beatas.
247 Encontramos aqui mais uma ironia queirosiana. A passagem mostra a exploração da boa fé da beata D. Maria da Assunção, que mantém uma coleção de santos e relíquias religiosas, inclusive uma lasca da cruz e um pedaço do cueiro de Jesus (máximo da parvoíce), pelo qual pagou trinta mil-réis.
248 Massa de farinha de trigo em fios delgados, preparada com ovos, leite e açúcar.
249 Finalmente, Amaro concretiza a sedução de Amélia. A comparação final da ação de Amaro com um touro mostra a influência naturalista na presente obra.
250 Bêbados conversando à toa.

251 Desabaria.
252 A justificativa de Amaro parece ser a pouca vergonha dos demais sacerdotes, cujo comportamento apenas repete.
253 Os desejos sexuais.
254 A hipocrisia de Amaro envolve mais uma personagem.
255 Cacetada, paulada.
256 Percebe-se que Totó parece sentir-se atraída pelo padre Amaro, daí seu comportamento agressivo com Amélia.
257 Com calma, sim tranqüilidade.
258 A hipocrisia dos dois clérigos fortalece o tom de crítica geral da presente obra. Eça parece conduzir os leitores a envergonharem-se do comportamento do clero, repudiando cada ação imoral dos mesmos. A chantagem de Amaro modifica o comportamento indignado do cônego, que agia da mesma forma que o jovem padre.
259 O final do capítulo confronta a felicidade de Amaro e o sofrimento de Totó.
260 Caçoada, troça, zombaria, brincadeira.
261 Padre, sacerdote.
262 O comportamento de Amaro parece despertar em Amélia os sentimentos adormecidos ou sufocados pelos conselhos do bom abade Ferrão. A gravidez fragiliza seus sentimentos, tornando-a presa fácil da vingança mesquinha de Amaro.
263 O comportamento de Amaro parece preceder sempre de uma boa intenção, mas que no fundo inexiste, já que o leitor já lhe conhece bem a personalidade nesse ponto. Isso torna sua atitude irônica.
264 Mais uma vez o comportamento de Amaro resvala entre o emocional e o racional, mas sempre prenunciando a falta de escrúpulos na atitude final. Há pouco, Amara desejava que a criança nascesse morta e que também Amélia morresse para livrar-se de qualquer vestígio de culpa.
265 Mais uma vez o comportamento de Amaro pauta-se pela contradição, pois chegara a desejar não só a morte da criança, mas também de Amélia.
266 A atitude de Amaro denota que a morte da criança não chegou sequer a magoá-lo profundamente, já que era exatamente isso que esperava ao entregá-la para Carlota. Sua ação ao procurar Carlota deveu-se mais a uma passageira dor na consciência por causa da morte de Amélia do que por qualquer sentimento de paternidade.
267 Essa passagem faz referência direta à Comuna de Paris, vasta cadeia de movimentos dos operários francesas que parecem indicar o destino comunista de toda a Europa, inclusive Portugal. O emprego do episódio tem aqui um indicativo irônico por parte de Eça, cuja obra de teor antiburguês, visa exatamente a desestabilização dos valores da burguesia. Eça procura descrever nesse capítulo a instabilidade gerada com a ação dos operários franceses sobre a sociedade estabelecida no poder, como é o caso do conde de Ribamar.
268 Pierre-Joseph Proudhon (1809 - 1865): socialista utópico francês e precursor do anarquismo. Defendia a diminuição da ação governamental capitalista e religiosa e a liquidação do Estado. Queria uma sociedade de pequenos produtores livres e iguais, onde os trabalhadores fariam uso do financiamento dos bancos de trocas, sem juros, para comprar os meios de produção.Afirmava que a propriedade privada era um roubo.

269 Provável referência de Eça de Queirós a Antero de Quental e Guilherme de Azevedo, membros do Cenáculo que aplaudiram publicamente a Comuna de Paris. Cabe lembrar que o autor e os demais membros de Cenáculo de Lisboa realizaram suas famosas Conferências Democráticas do Cassino Lisbonense nesse mesmo ano e que as mesmas foram proibidas pelo Ministro do Reino Antônio José de Ávilla por suas intenções subversivas e porque seus membros eram acusados de serem adeptos da Comuna.
270 Nas transcrições percebemos a fidelidade queirosiana, algumas vezes transcendendo para a caricatura, na descrição das reações burguesas contra a Comuna de Paris. É o temor burguês contra a invasão socialista da propriedade e dos valores monárquicos mantidos pela Regeneração em Portugal.
271 Fica aqui evidente a ironia, já que a última coisa que Amaro e o cônego Dias poderiam inspirar era respeito.
272 O parágrafo final mostra não só o pessimismo de Eça de Queirós quanto ao destino de sua pátria, mas também sua descrença na preservação da memória de Portugal. Esse trecho final funciona como uma cena alegórica na qual o conde exalta a solidez das instituições, inclusive o clero, anulando a miséria e a tristeza que se escondem por detrás da aparência do cenário e da falsidade e hipocrisia, representadas pelos dois clérigos ali presentes. Pode-se dizer que a cena torna-se até patética se levarmos em conta que ela se dá sob a estátua do grande Camões, símbolo de uma época de grandeza econômica, cultural e histórica de Portugal.
273 Carrancudo, sorumbático, taciturno, triste.
274 Distraído, parado.
275 Imediatamente, agora.
276 Devemos notar aqui a capacidade criativa da criança que modifica a versão original de seu sonho para evitar o desagrado sentido pela tia.
277 Crocre: mesmo que croque, cascudo.
278 Vejam com que malícia os meninos brincam com a tia obesa.
279 O comentário traduz uma brincadeira comum nessa idade, misturando humor e uma certa maldade.
280 Parte interior do carro, dianteira.
281 Tipo de chapéu com que sonhara passear de carro.
282 Modelo de automóvel muito admirado na época.
283 Famoso galã do cinema.
284 Infames.
285 Expressão jocosa utilizada para designar italiano ou descendente do mesmo.
286 Famosa marca italiana de automóvel.
287 Abreviatura de "cavagiliere ufficiali", comenda vendida pela coroa italiana.
288 A intenção do italiano foi bem clara, mostrar à futura sogra do filho diante de todos os tempos em que ela comprava fiado.
289 Veja-se a sovinice do comerciante.